D1669194

# Reinhard Rampold

# TIROLER KULTURGÜTER

*herausgegeben*
*in Zusammenarbeit mit dem Tiroler Kunstkataster*

Reinhard Rampold

# Kapellen in Tirol

Tyrolia-Verlag · Innsbruck-Wien

# Inhalt

# Einleitung

Zu den wesentlichen Charakteristika vom Katholizismus geprägter Kulturlandschaften gehören neben den allgemein bekannten Zeugnissen sakraler Baukunst auch die zahlreichen Kapellen, die in ihrer ganzen Vielfalt nicht nur Zeugnis über die kunstgeschichtliche Entwicklung geben, sondern auch einen tiefen Einblick in alte und neue Volksfrömmigkeit erlauben. Während die frühen Kapellen meist in Zusammenhang mit historischen Verkehrswegen, Burgen oder Friedhofsanlagen entstanden, verdankt der überwiegende Teil der Kapellen seine Entstehung der bis ins 19. Jahrhundert nachwirkenden barocken Volksfrömmigkeit, als im Zuge der Gegenreformation hunderte Kapellen erbaut und in das religiöse Leben eingebunden wurden. Nicht zuletzt diesem Umstand verdankt Tirol sein bis heute nachwirkendes Bild als „Heiliges Land". Von dieser besonders starken Religiosität des Tiroler Volkes wussten bereits 1724 junge Jesuitenmissionäre zu berichten, welche durch Tirol reisten: „Diejenigen aus uns, die über Innsbruck und Mayland nach Genuam gezogen seynd, haben beobachtet, daß die Inwohner von Tyrol nicht allein an Redlichkeit und mancherlei Wissenschaften, sondern auch an Gottseligkeit und christlicher Kinderzucht andere Völker, welche sie auf einer so langen Reise gefunden haben, merklich übertreffen: Inmassen die Hauptstraßen, über welche man aus Teutsch- nach Wälschland gehet, mit Kirchen, Capellen, gemauerten Bildergestellen, aufgerichteten Cruzifixen, Creutzen und Bildsäulen dergestalt häufig geziert ist, daß ein Fremdling nicht anderst, als reiste er in einer Kirchen, zur Andacht gewaltiglich bewogen wird." (zit. nach Wopfner, a.a.O., S. 69). Die vielen Zeugnisse der Volksfrömmigkeit vermerkt auch der französische Theologe Etienne Gard in seinem 1741 erschienenen Reisebericht: „Man sieht überall entlang der Wege Denkmäler der Frömmigkeit, Malereien und Bilder, die einen sehr bewegen, ... Bildstöcke und kleine Kapellen." Kritisch äußert sich hingegen 1781 der

französische Naturforscher Belsazar Hacquet, ein Verfechter der josephinischen Reformen: „Es ist bald kein einschichtiges Haus, vor welchem nicht ein kleines Gebäude steht, welches einem Backofen ganz ähnlich sieht ... und für einen oder mehrere Heilige zur Behausung gewidmet ist." (zit. nach Assmann, a.a.O., S. 167).
Insgesamt verfügt Tirol (Stand März 1996) über 2508 Kapellen (590 in der Erzdiözese Salzburg, 1918 in der Diözese Innsbruck), wobei die Übergänge zwischen Kirche

*1.*
*Schönberg, Schöberlkapelle mit barocker Architekturmalerei und szenischen Darstellungen im Stil der Innsbrucker Malerfamilie Waldmann aus dem Beginn des 18. Jahrhunderts.*

2.
*Virgen, Antoniuskapelle. Am alten Weg ins Virgental bilden die Kapelle aus dem 17. Jahrhundert und ein gotischer Bildstock ein reizvolles Ensemble.*

und Kapelle sowie zwischen Kapelle und Bildstock fließend sind. Während einerseits viele architektonisch als Kirche zu wertende Sakralbauten in den einschlägigen Verzeichnissen als Kapellen aufgeführt werden (Kapelle Hll. Christoph und Sigmund am Lueg, Pestkapelle in Längenfeld, Mariahilfkapelle in Tannheim, Hüttkapelle Hll. Ulrich und Afra in Pflach, Kapelle Hll. Rochus und Sebastian in Biberwier), gibt es auch zahlreiche Objekte, die trotz ihrer geringen Größe als Kirche (Filialkirche Hl. Margareth in Dölsach, Filialkirche Hl. Nikolaus in Obertilliach, Antoniuskirche in Anras) angesehen werden. Im Gegensatz zum Bildstock weisen Kapellen einen geschlossenen Raum auf, den fließenden Übergang charakterisiert der Kapellenbildstock mit offenem Vorraum.

Die Streuung der Kapellen in der Tiroler Kulturlandschaft ist sehr unterschiedlich, lässt aber deutliche Schwerpunkte in Westtirol und in Osttirol erkennen. Die kapellenreichsten Gemeinden Tirols sind, abgesehen von der Landeshauptstadt Innsbruck, Längenfeld (45 Kapellen), Alp-

bach (44), gefolgt von Matrei in Osttirol (25) sowie Kappl und Umhausen (je 20).

Die Motive zur Errichtung von Kapellen waren vielfältig. Neben rein zweckmäßigen Überlegungen, die zur Erbauung einer Kapelle führten, waren auch Gelübde, der Wunsch, ein Zeichen der Erinnerung an ein bestimmtes historisches Ereignis zu setzen, oder das Bedürfnis, einen Ort der Andacht in unmittelbarer Nähe des oft weitab der nächsten Kirche gelegenen Hofes zu errichten, ausschlaggebend. Mitunter fungierten Kapellen auch als Grenzzeichen, wie in Kirchberg, wo die 1750 erbaute Klausenkapelle die bis 1803 gültige Landesgrenze zwischen Tirol und Salzburg anzeigt und noch immer das Ziel einer Reiterprozession ist (Abb. 3). Die Trennung zweier Wege markieren hingegen die gotische Wegscheidkapelle in Oberhofen und die barocke Viehscheidkapelle in Rang-

*3.*
*Kirchberg, Klausenkapelle, Antependium mit Darstellung des der Legende zufolge auf die glückliche Abwehr des Schwedeneinfalles zurückgehenden Antlassrittes.*

*4.
Mieming, Kapelle in
Krebsbach. Der land-
schaftsprägende, 1966
nach Plänen von Hofrat
Dipl.-Ing. Jakob Walcher
auf einem Hügel errich-
tete Bau erinnert an
einen neugotischen Vor-
gängerbau, der im Zuge
der Neutrassierung der
Straße abgebrochen
werden musste.*

gen. An abgekommene Wege erinnern die 1793 datierte Einwallkapelle im Kohlental bei Kirchdorf oder die aus dem Ende des 18. Jahrhunderts stammende Wiesenkapelle östlich von Telfs. Häufig wissen wir heute den Grund nicht mehr, warum eine Kapelle gerade an einem landschaftlich markanten Platz entstand, oft sind uns die Motive für die Erbauung in historischen Aufzeichnungen oder Legenden überliefert. Mitunter lässt sich bei Kapellen auch eine Verbindung zu prähistorischen Siedlungsplätzen feststellen, wie in Brixlegg, wo die Hochkapelle im Umfeld bronzezeitlicher bzw. spätantiker Fundstätten errichtet wurde. Direkt hinter der Apsis der 1922 neu erbauten Philomenakapelle in Fließ befindet sich ein Schalenstein, auch für das Grattenbergl in Kirchbichl, wo 1737/38 eine Kapelle mit angebauter Einsiedelei errichtet wurde, sind hallstatt- und latènezeitliche Funde belegt.

# Historische Grundlagen

Wenngleich man in der Frühzeit der Kirche bestrebt war, die Eucharistie nur der Gläubigen wegen und nicht als persönliche Andacht des Priesters zu feiern, war es doch häufig der Fall, dass sich nur eine Hausgemeinde von wenigen Personen zur Messfeier versammelte. In dieser häuslichen Eucharistiefeier der Urkirche liegt auch der Ursprung einer in späterer Zeit im privaten Kreis gefeierten Eucharistie und der Privatmesse. Im Fränkischen Reich und den nördlichen Ländern, wo die Edelsitze der Herren weit auf dem Lande zerstreut lagen, wurde die Hauskapelle und die darin durch den Hauskaplan gefeierte Messe zu einer stehenden Einrichtung. Während man kirchlicherseits zunächst noch auf die Pflicht hinwies, für alle höheren Feste die Bischofs- oder Pfarrkirche aufzusuchen, wurde diese Forderung bald nur mehr für das Osterfest aufrechterhalten. Obwohl die karolingische Reform die Bestimmungen des Kanons von Laodizea anwenden und alle Hausgottesdienste verbieten wollte, musste sie schließlich doch eine mildere Praxis dulden, bevor im Konzil von Trient endgültig die Messfeier in Privathäusern verboten wurde.

Das Wort „capella" (= Diminutiv von cappa) findet sich zuerst im 7. Jahrhundert und bezeichnet ursprünglich einen kurzen Mantel, insbesondere den legendären Mantel des hl. Martin von Tours, dann dessen Aufbewahrungsort am französischen Königshof in Paris, die so genannte „Sainte- Chapelle", und die Gemeinschaft, die diese Reliquie zu hüten und dabei den Chordienst zu verrichten hatte. Der in diesem Bereich tätige Geistliche wurde „capellanus" genannt. In der Folgezeit ging dieser Begriff auf die entsprechenden Baulichkeiten an den Herrscherhöfen über, in denen Reliquien, Throninsignien, Schätze, Siegel und Archivalien aufbewahrt wurden. Alsbald fand der Name Kapelle auch für dem Gottesdienst dienende Gebäude jeder Größe an geistlichen und weltlichen Fürstenhöfen Anwendung. Schließlich wurde die Bezeich-

5.
*Holzgau, Sebastians-kapelle, gotisches Reliquiar in Form eines Warzenglases aus dem Jahre 1489.*

nung auch auf abgesonderte gottesdienstliche Räume in Kirchen, Klöstern und Profanbauten, ja sogar Markthallen und nicht zuletzt sakrale Objekte jeder Größe, die nicht den Rechtstitel einer Kirche aufweisen, und kirchliche Sängergruppen übertragen. Im heutigen Sprachgebrauch wird mit Kapelle jeder gottesdienstliche Raum bezeichnet, der nicht die volle Rechtsstellung einer Pfarrkirche besitzt. Während die Kirchen allen Gläubigen zur öffentlichen Verehrung Gottes zugänglich sind, dienen Kapellen einem engeren Kreis von Personen als Stätte der Andacht. Kirchenrechtlich versteht man heute unter einer Kapelle einen Ort, an dem eine Gemeinschaft oder ein dort zusammenkommender bestimmter Personenkreis mit Erlaubnis des Ordinarius den Gottesdienst feiert (CIC. Can. 1223). Die Erlaubnis zur Errichtung einer Kapelle erteilt, nach Begutachtung des Bauplatzes, der Ordinarius. Diesem steht bei Abwesenheit des Dekans auch das Recht der Benediktion zu. War eine Kapelle lediglich benediziert, so war für die Feier einer Messe ursprünglich eine Messlizenz erforderlich. Auch die Einsetzung eines Kreuzweges war an eine Erlaubnis des (fürst)bischöflichen Ordinariates gebunden. Die Konsekration einer Kapelle hingegen steht dem Bischof bzw. dessen Stellvertreter zu und ist mit der Anbringung von Apostelzeichen (den Weihestellen) und der Einsetzung eines Altarsteines und eines Sepulchrums in die Mensa verbunden.

# Die Kapellenpatrozinien
# im Wandel der Jahrhunderte

Seit dem 4. Jahrhundert wurde der Begriff Patron von
den christlichen Gemeinden für hochverehrte Märtyrer
angewandt, die in der Gemeinde ihre Grabstätte gefunden hatten. Der Besitz der Reliquie gewährt Schutz und
Hilfe des Heiligen. Daraus entstand der Brauch, jede Gemeinde und ihr Kirchengebäude unter den Schutz eines

6.
Bichlbach, Martins-
kapelle in Wengle, Altar
aus der Zeit um
1770/80. Altarblatt mit
Darstellung des
Heiligen Wandels und
Assistenzfiguren der
Hll. Katharina und
Margaretha.

7.
*Innsbruck, Landhaus-
kapelle Hl. Georg.
1725–1728 nach
Plänen des Innsbrucker
Hofbaumeisters G. A.
Gumpp im Stil des
römischen Barock
errichtet und mit
überreichen Laub- und
Bandlwerkstuckaturen
ausgestattet.*

Heiligen (Patrozinium) zu stellen und dessen Namensfest feierlich zu begehen. Der jeweilige Patron war nicht nur Rechtssubjekt, dem etwa Schenkungen übertragen werden konnten, sondern hatte auch im religiösen Selbstverständnis der Gemeinde einen wichtigen Platz, weshalb Patrozinienwechsel im Allgemeinen mit dem Erwerb neuer Reliquien oder Besitzwechsel zusammenhängen. Aus der Vielzahl der Heiligen fand jedoch nur ein verhältnismäßig kleiner Kreis den Weg ins Missionsgebiet. Dazu zählen die Apostelfürsten Petrus und Paulus, Johannes der Täufer, die Erzmärtyrer Stephanus und Laurentius, die Mutter Gottes und als fränkische Missionsheilige die Heiligen Martin und Michael. Die ältesten Patrozinien finden sich dort, wo sich die rätoromanische Bevölkerung neben den Neuansiedlern hielt. Dies trifft etwa auf den Martinsbühel bei Zirl zu, der im 6. Jahrhundert vermutlich kurzfristig als Sitz eines rätischen Fluchtbischofs diente.

Der hl. Martin, in karolingischer Zeit Hauptpatron des Fränkischen Reiches und Patron von Pfarrkirchen und Eigenkirchen, wurde ein beliebter Volksheiliger und hat als solcher in vielen Kapellen Eingang gefunden (Ehrwald/Holz, Bichlbach/Wengle (Abb. 6), Elbigenalp/Friedhof, Galtür/Tschafein, Kappl/Ulmich, Kaunertal/Vergötschen, Nauders/Tiefhof, Pfunds/Lafairs, Spiss/ehemalige Kuratiekirche, Tannheim/Innergschwendt, Telfs/Brand, Umhausen/Lehmbach, Wildermieming/Lettenkapelle, Zirl/Martinsbühel). Große Bedeutung für die Verbreitung eines Heiligen und die Wahl des Patroziniums hatte in vergan-

genen Jahrhunderten auch der Adel. Typische „Adelspatrozinien" sind etwa die Heiligen Moritz, Pankraz (Zirl/Eigenhofen) und Georg (Innsbruck/Landhauskapelle, Abb. 7); Ehenbichl/Rieden; Hall/Burgkapelle Hasegg; Nassereith/Jörgenbichl).

Zu den ältesten Patronen zählt auch der biblische Drachentöter Michael, Schutzpatron gegen die bösen Mächte und andere Feinde. In Tirol tritt der Erzengel besonders häufig als Patron von Friedhofskapellen (Axams, Imst, Innsbruck-Wilten und alter städtischer Friedhof, Ötz, Reith im Alpbachtal, Schwaz, Zirl) auf, was auf seine Erwähnung als „Seelenführer" im Offertorium der Totenmesse zurückzuführen ist. Zu den besonders verehrten und ältesten Patronen gehört auch Johannes der Täufer, der auf Grund seiner Vita als Patron von Taufkapellen aufscheint. Bereits im frühen Mittelalter tritt der Heilige aber auch als Spitalspatron, als Patron von Bergkirchen und

8.
*Innsbruck, Pestfriedhof an der Höhenstraße mit neobarocker Kapelle aus dem Jahre 1912 und Tafelbildern von Josef Prantl und Anton Kirchmayr in den Wandnischen.*

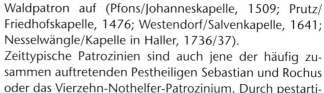

Waldpatron auf (Pfons/Johanneskapelle, 1509; Prutz/Friedhofskapelle, 1476; Westendorf/Salvenkapelle, 1641; Nesselwängle/Kapelle in Haller, 1736/37).

Zeittypische Patrozinien sind auch jene der häufig zusammen auftretenden Pestheiligen Sebastian und Rochus oder das Vierzehn-Nothelfer-Patrozinium. Durch pestartige Epidemien, insbesondere jene der Jahre 1610 bis 1635 und soziale Nöte bedingt, entstanden seit dem späten Mittelalter zahlreiche Sebastian- und Rochus-Kapellen (Nikolsdorf/Schloss Lengberg, 1485 Mitpatron; Holzgau/Friedhofskapelle, 1487; Karrösten/Brennbichl, um 1500; Elbigenalp/Griesau, 1596; Pettneu a. A., 1602; Biberwier, 1611; Reutte, 1619; Silz/Angerkapelle, 1634; Tannheim/Berg und Serfaus/Muiren, beide 1635; Berwang/Rinnen, Anfang 17. Jh.; Schwaz/Burg Freundsberg, 1634 Patrozinienwechsel). Zu erwähnen sind in diesem Zusammenhang auch die zahlreichen „Pestkapellen", die kein eigenes Patrozinium aufweisen (Ampass/Häusern; Innsbruck/ Höhenstraße (Abb. 8); Imst, Kitzbühel/Hammerschmiedstraße und in der Ehrenbachgasse; Fieberbrunn/Pfaffenschwendt; Lermoos/Bichlkirche; Matrei i. O./Gruben; Telfs/Emat). Sie liegen zumeist auch außerhalb der historischen Siedlungsgrenzen häufig an Stelle eines älteren Vorgängerbaues errichtet und sind mitunter noch heute von einem Pestfriedhof umgeben.

Jüngeren Datums sind hingegen die Nothelferpatrozinien, die in der Regel bei Kapellen erst im 17. Jahrhundert aufscheinen. Ältere Patrozinien finden sich nur bei der frühgotischen Friedhofskapelle in Axams (Doppelpatrozinium Hl. Michael und 14 Nothelfer) und bei

9.
Nassereith, Nothelferkapelle bei der Klause Fernstein. An den einst in der Umgebung von Nassereith betriebenen Bergbau erinnert noch heute ein in der Kapelle verwahrtes barockes Reliquienaltärchen.

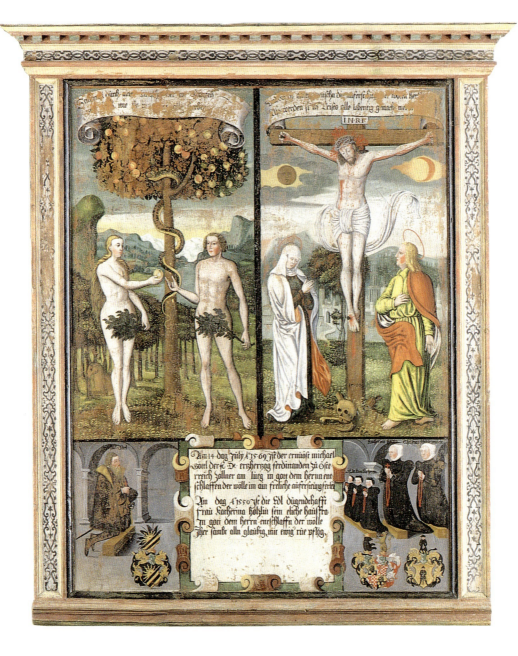

11.
Gries am Brenner,
Kapelle Hl. Jakobus, ein
landschaftsprägender
Bau mit künstlerisch
bemerkenswerter
Ausstattung.

10.
Gries am Brenner, Kapelle
Hll. Christoph und
Sigmund am Lueg,
Epitaph des Zöllners
Michael Göttl von
Wolfgang Polhammer aus
dem Jahre 1570.

der Nothelferkapelle bei der Klause Fernstein in Nassereith (urk. 1478 geweiht, Abb. 9).

Mit der verkehrsgeographisch bedeutsamen Lage Tirols
am Schnittpunkt der großen Alpentransversalen hängt die
Verbreitung der Pilgerpatrozinien zusammen, die zumeist
mittelalterlichen Ursprungs sind. An erster Stelle sind hier
die Heiligen Christophorus und Jakobus zu nennen, weitere typische Pilgerpatronate sind Jodokus, Leonhard, Drei-
könig und Mariae Heimsuchung. Die Blütezeit des Christo-
phoruskultes fällt in das späte Mittelalter, wo im 14. Jahrhundert die Nothelfergruppe entstand, in die der Heilige
aufgenommen wurde. Das Pilgerpatronat steht in ursächlichem Zusammenhang mit dem Attribut des Wandersta-
bes, das seit dem 13. Jahrhundert in bildlichen Christo-
phorusdarstellungen zu finden ist. Die Wahl des Heiligen
als Patron des 1386 durch Heinrich Findelkind am Arlberg
gegründeten Hospizes lag daher nahe. Ein weiteres her-
ausragendes Beispiel ist die 1449 von Herzog Sigmund ge-

stiftete Kapelle zu den Heiligen Christoph und Sigmund am Lueg in der Gemeinde Gries am Brenner, wo der Landesfürst dem Pilger auch noch seinen Namenspatron beifügte (Abb. 10). Die Jakobuskapelle in Nösslach wurde urkundlich 1305 als Stiftung des Ritters Peter von Trautson errichtet und um 1656 barock umgestaltet (Abb. 11). Ihr Patrozinium geht auf den Jakobuskult zurück, der sich seit dem Aufkommen der Wallfahrten nach Santiago de Compostela auch bei uns ausbreitete. Vermutlich zur Erinnerung an eine Wallfahrt der Familie Blaikner aus der Leutasch nach Santiago wurde die Jakobuskapelle in Unterleutasch errichtet und eine Jakobusbruderschaft gegründet.

Die älteste Kapelle des Bundeslandes Tirol befindet sich in Nauders, an der alten Via Claudia Augusta, einem bereits in vorgeschichtlicher Zeit begangenen Handels- und Pilgerweg, auf den auch die Wahl des Patroziniums hinweist. Die Leonhardskapelle ist ein kleiner romanischer Saalbau

*12.*
*Nauders, Leonhards-*
*kapelle. Die romanische*
*Apsisausmalung aus dem*
*2. Viertel des 12. Jahr-*
*hunderts zeigt Christus*
*in der Mandorla, flankiert*
*von den ganzfigurig dar-*
*gestellten Evangelisten*
*Johannes und Matthäus*
*und den Symbolen der*
*Evangelisten Markus und*
*Lukas. Im unteren Bild-*
*streifen finden sich die in*
*Rundbogenarkaden ein-*
*gestellten Apostel.*

aus der 1. Hälfte des 12. Jahrhunderts mit eingezogener Rundapsis, der seine überregionale Bedeutung den romanischen Wandmalereien verdankt (von Evangelisten bzw. deren Symbolen flankierte Majestas-Domini-Darstellung und Apostel in Säulenarchitektur, Abb. 12). Als Reisepatrone gelten auch die Heiligen Drei Könige, „welche die wunderbarste und erfolgreichste Reise unternahmen" und auch gegen einen plötzlichen Tod angerufen wurden (Schwaz, 1444; Ischgl/ Mathon und Lermoos/Unterdorf, beide um 1750). Altersmäßig wesentlich jünger sind die Mariae-Heimsuchungs-Patrozinien, die sich häufig auch an alten Verkehrs- und Handelswegen finden (St. Veit i. D./Zotten, 1684; Nesselwängle/Obergaicht, 1695; Ellmau, 1719; Jochberg,

13.
*Kramsach, Antoniuskapelle in der Hagau. Der 1685 errichtete barocke Bau mit reicher Ausstattung bildet gemeinsam mit der 1522 datierten spätgotischen Bildsäule ein reizvolles Ensemble in ländlicher Umgebung.*

1835-1839, mit Kopie des Gnadenbildes von Zwickau). Ein typischer Modeheiliger der Gegenreformation ist hingegen der hl. Antonius von Padua, der als Patron der Ehe, der Frauen und Kinder, der Reisenden, der Bergleute und als „Helfer gegen alle Nöte" gilt. Ihm zu Ehren wurden insbesondere in der 2. Hälfte des 17. und zu Beginn des 18. Jahrhunderts 37 Kapellen in Tirol errichtet, deren älteste sich in Ischgl-Versahl (1630) befindet. Mitunter wurden diese Kapellen sogar, dem Vorbild der Antoniuskirche in Padua entsprechend, als Zentralbauten ausgeführt, einem wesentlichen Anliegen Tiroler Sakralarchitektur im 17. und 18. Jahrhundert, das insbesondere bei Filial-, Vo-

14.
St. Johann in Tirol,
Antoniuskapelle, Altar im
Stil des höfischen
Barock mit reicher
Knorpelstilornamentik
aus dem Jahre 1647.

tiv- und Wallfahrtskirchen/-kapellen realisiert werden konnte (St. Johann i. T., 1669/74, Abb. 14; Heinfels/Panzendorf, 1693; Wildschönau/Oberau, 1707/08).

Großer Verehrung bei der Bevölkerung erfreute sich auch der hl. Johannes von Nepomuk, der als Patron des Beichtgeheimnisses, der Sterbenden, Schiffer und Flößer angerufen wurde und bereits 1688, noch vor seiner Seligsprechung (1721) bzw. Kanonisation (1729), als Patron von Schloss Büchsenhausen in Tirol Eingang fand. In der Folge wurden im Lande 26 Kapellen in der Nähe von Bächen und Flüssen errichtet, um die menschlichen Siedlungen vor Wassergefahren zu schützen (Kitzbühel, 1725/27; Steinach/Puig, 1731; Oberndorf/Rerobichl, 1732; Wenns, 1734; Hall/Lendkapelle, 1765, Abb. 15).

Aus dem barocken Spiel entwickelte sich hingegen das Bedürfnis, das Leiden Jesu nachzuempfinden. Architektonisch dokumentiert ist es in den zahlreichen Kalvarienbergen und Ecce-Homo-Kapellen (Karrösten-Brennbichl, 1686, mit Altar von Andreas Thamasch, Abb. 16; Längenfeld-Bruggen; Mils b. Hall/Moarhof; Mühlbachl/Tannerwerg; Navis/Grün; St. Jakob i. D./Rinderschinken; Sillian/Markt; Thiersee/Riederberg).

Neben den zeitlich bedingten Einflüssen lassen sich in der Wahl der Patrozinien auch regionale Einflüsse aufzeigen. Im westlichen Tirol finden wir den hl. Gallus (Ischgl/Oberpardatschalm, 1736 erbaut, 2002 widerrechtlich abgebrochen; Zams/Grist, 1686 geweiht), die Heiligen Wendelin (Scharnitz, 18. Jh.; Wildermieming/Straßberg, 19. Jh.) und Magnus (Arzl i. P., 19. Jh.; Ehenbichl, 1680 erbaut; Stams/ Haslach, 18. Jh; Strengen am Arlberg, um 1760). In Osttirol sind, ausgehend von der spätgotischen Wallfahrtskirche zum heiligen Chrysanth in Nikolsdorf, die Chrysanth- und Daria-Patrozinien besonders verbreitet (Innervillgraten/Oberstalleralm, um 1910; Matrei/Klausen, 1851; Prägraten/Hinterbichl, 1763 erweitert; Schlaiten/Göriach, 1860–1905).

Zu den ältesten und verbreitetsten Patrozinien zählt das Marienpatrozinium, das bei Kapellen in der Regel jedoch erst barocken Ursprungs ist. Insbesondere im Zuge der Gegenreformation und durch die Einführung der ständigen Volksmissionen im 18. Jahrhundert nahm die Marienvereh-

15.
Hall, Lendkapelle zum hl. Johannes von Nepomuk, erbaut 1765 zur Erinnerung an Franz Stephan von Lothringen, dessen Sarg hier vor der Überstellung auf ein Innschiff aufgebahrt wurde.

16.
Karrösten, Kapelle
Unser Herr im Elend
in Brennbichl. Zu den
bedeutendsten
Zeugnissen barocker
Schnitzkunst im
Tiroler Oberland zählt
der Altar von Andreas
Thamasch aus dem
Jahre 1686, der sich
thematisch auf die
Darstellung der
Passion Christi bezieht
und zwei expressive
Andachtsbilder, die
Figur des
ruhenden Christus und
der Schmerzensmut-
ter, birgt.

rung einen neuen Aufschwung. Hier dominiert wiederum die Widmung an „Unsere liebe Frau Maria" (ohne Beifügung eines speziellen Titels), die allein in der Diözese Innsbruck auf 140 Kapellen zutrifft, gefolgt von den Mariahilfpatrozinien (53), den Lourdes-Patrozinien (81) und den Patrozinien „Unserer Lieben Frau Mariae Schmerzen". Die Häufigkeit des Mariahilfpatroziniums steht in ursächlichem Zusammenhang mit der Verehrung des nach 1537 entstandenen Mariahilfgnadenbildes von Lucas Cranach, das 1611 als diplomatisches Geschenk des Kurfürsten Johann Georg I. von Sachsen an den damaligen Fürstbischof von Passau und späteren Landesfürsten von Tirol, Erzherzog Leopold V., kam und sich heute am Hochaltar des Domes zu St. Jakob in Innsbruck befindet. Bereits 1637 fertigte der Innsbrucker Maler Michael Waldmann eine Kopie des Mariahilfgnadenbildes für den rechten Seitenaltar der Schlosskapelle der Burg Freundsberg in Schwaz an.

17.
*Weißenbach, Mariahilfkapelle in Untergaicht, neugotischer Altar mit Kopie des Mariahilfgnadenbildes von Lucas Cranach.*

Insgesamt entstanden im deutschsprachigen Raum im 17. und 18. Jahrhundert 515 neue Mariahilf-Wallfahrtsstätten. In manchen Gemeinden, zum Beispiel in Längenfeld (Aschbach, Dorf, Unterlängenfeld), Matrei in Osttirol (Hinteregg, Klaunzerberg) oder Obertilliach (Bergen/Flatsch, Eben/Leiten, Rals) existieren sogar mehrere Kapellen, die eine Dedikation an das Mariahilfgnadenbild aufweisen.
Die Verehrung Unserer Lieben Frau Maria von Lourdes ging von Südfrankreich aus, wo 1858 das Mädchen Bernadette Soubirous in einer Grotte eine Marienerscheinung hatte. Papst Leo XIII. bestätigte das kirchliche Offizium der Erscheinung und genehmigte 1891 das Fest der Erscheinung für die Kirchenprovinz. Papst Pius X. dehnte 1907 Fest und Offizium auf die ganze Kirche aus.

18./19.
Thiersee, Höcknhofkapelle,
ein spätbarocker, um 1776
entstandener Bau mit
bemerkenswerten Fresken
von Peter Troger und reich
geschmücktem Altar mit
Mariahilfgnadenbild.

In der Folge wurden auch in Tirol Ende des 19. bzw. zu
Beginn des 20. Jahrhunderts zahlreiche Lourdeskapellen
erbaut. Mitunter wurden auch ältere Kapellen sekundär
als Lourdeskapellen adaptiert (Obertilliach/Helenakapel-
le, nach 1854;  St. Leonhard i. P./Schusslehn, dat. 1684).
Zumeist in neugotischen bzw. neuromanischen Formen
errichtet, bergen sie im Inneren eine mit Tuffstein ausge-
kleidete Grotte, in der sich die Statuen der „Unbefleckten
Empfängnis" und der seligen Bernadette befinden. Die

ersten Lourdeskapellen Tirols wurden bereits 1858 am Kolsassberg (auf Grund eines Gelübdes von Kooperator Norbert Kraler) und in Prutz/Entbruck erbaut. Andere Lourdeskapellen folgten mit zeitlichem Abstand: Innsbruck/Tummelplatz, 1884; Wenns/Unterdorf 1885; Kössen/Klobenstein, 1886; Zöblen, 1891/92; Kaunerberg, 1893; Leisach/Burgfrieden, 1893; Assling/Unterassling 1894; Westendorf, 1895; Gries a. B., 1897; Iselsberg/Stronach, 1899, Abfaltersbach/Geselhaus, um 1900 (Abb. 20); Anras/Noilerkapelle, nach 1900; Kals/Lana, um 1900; Tannheim, 1902; Matrei i. O., 1903/04; Wildschönau/Mühltal, 1904; Galtür/Gaffelar, Hochegg, Maas und Steiner, um 1900.

Einem vorgegebenen Typus verpflichtet sind auch die dem Gnadenbild von Loreto – einer schwarzen Muttergottesstatue – geweihten Marienkapellen. Auf den Bericht von der Translation der Casa santa von Nazareth nach Loreto durch den dortigen Propst Teramus am Ende des 15. Jahrhunderts zurückgehend, erfreute sich die Errichtung von Nachbildungen des Hauses von Loreto als fensterlose, über schmalrechteckigem Grundriss errichtete Bauten mit gemalter Ziegelquaderung, Tonnengewölbe und lettnerartiger Chorschranke seit dem 16. Jahrhundert in Europa großer Beliebtheit und fand in Tirol in Thaur (gestiftet 1589, Abb. 21), Ried i. O. (Mitte des 17. Jh.), Pfunds (2. Hälfte des 17. Jh.), Kufstein-Sparchen (erb. 1690), Kössen/Klobenstein (1701), Längenfeld-Au (erb. 1732) und Bach (Neubau von 1811) ihren Niederschlag.

Seit dem 19. Jahrhundert beliebt ist auch das Herz-Jesu-Patrozinium. Die Anfänge der volkstümlichen Herz-Jesu-Verehrung reichen in Tirol bis in den Ausgang des Mittelalters zurück, stärkere Verbreitung fand die Herz-Jesu-Verehrung jedoch erst im 16. Jahrhundert durch Petrus Canisius und im 18. Jahrhundert durch die Tätigkeit der

20.
*Abfaltersbach, Lourdeskapelle in Geselhaus, Tuffsteingrotte mit figürlicher Darstellung der Unbefleckten und der hl. Bernadette Soubirous.*

21.
Thaur, Loretokapelle an der Haller Straße, gestiftet 1589 von Erzherzog Ferdinand II., ein dem geläufigen architektonischen Typus verpflichteter schmaler, fensterloser Bau mit Fassadenturm und gemalter Ziegelquaderung.

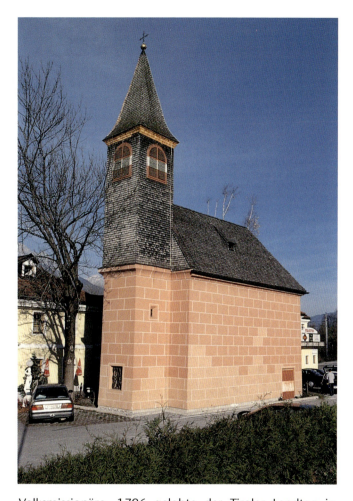

Volksmissionäre. 1796 gelobte der Tiroler Landtag in drohender Kriegsgefahr, das Fest des heiligsten Herzens Jesu im ganzen Lande in Hinkunft mit einem feierlichen Hochamt zu begehen. Zumeist in ursächlichem Zusammenhang mit dem 100-Jahr-Jubiläum der Weihe des Landes Tirol an das Herz Jesu im Jahre 1896 stehen daher auch die Herz-Jesu-Patrozinien bei Kapellen: Assling-Kolbenhaus, 1876; Zellberg, 1891; Prägraten/Hinterbichl, 1893; Wörgl/Haus, 1895/96; Finkenberg, 1909; Inneralpbach, 1912; Ainet/Bad Weiherburg, 1921.

# Versuch einer Typologie

Während die frei in der Landschaft stehende Kapelle gemeinhin als Synonym für die Kapellen schlechthin gesehen wird, zeigt sich bei näherer Betrachtung ein wesentlich differenzierteres Bild, das auf die verschiedenen Ansprüche zurückgeht, die der jeweilige Nutzer an eine Kapelle stellt(e).

## Hauskapellen

In ursächlichem Zusammenhang mit der geographischen Lage des Landes steht die große Anzahl an Burgen, die noch heute in strategisch markanter Position die Kulturlandschaft prägen. Waren Kapellen aus kirchenrechtlichen Gründen zunächst nur auf Dynastenburgen (als doppelstöckige Anlagen) gestattet, so gehörten sie seit dem späteren Mittelalter zur Grundausstattung einer Burg. Da die Burgen in späterer Zeit von ihren Besitzern häufig nicht mehr bewohnt wurden, haben noch zahlreiche Kapellen ihr romanisches Erscheinungsbild behalten. Andere Kapellen, etwa in Hasegg in Hall, in Kropfsberg oder in Berneck bei Kauns, wurden in spätgotischer Zeit verändert oder neu erbaut. In der Barockzeit fanden nur mehr wenig Veränderungen statt, am ehesten dort, wo die unbewohnten Burgen öffentlich zugänglich waren wie in Freundsberg bei Schwaz oder in Mariastein. Von der 1335 zerstörten Burg Aufenstein bei Navis blieb lediglich die 1330 geweihte Kapelle erhalten, ein zweigeschossiger Baukörper mit dem Linearstil verpflichteten Wandmalereien. Als romanischer Sakralraum erweist sich auch die um 1270/80 entstandene Dreifaltigkeitskapelle auf Schloss Bruck in Lienz, deren ebenfalls zweigeschossiger Raum in der 2. Hälfte des 15. Jahrhunderts durch die Görzer Bauhütte eingewölbt und um 1490/96 durch den Hofmaler Simon von Taisten freskiert wurde (Abb. 22). Dem Apostel Bartholomäus geweiht

22.
*Lienz, Schloss Bruck,
Kapelle zur Hl. Dreifaltig-
keit. Blick in die
doppelgeschossige Apsis.*

ist die 1431 von Hans Egli von Mülinen gestiftete Burgkapelle von Berneck in Kauns, ein quadratischer Bau mit Kreuzrippengewölbe und Fresken aus der Zeit um 1437. „In dieser Kapelle wird nach altem Brauch jährlich zweimal Gottesdienst gehalten: am St. Ulrichstage, und am Feste des hl. Bartholomäus, und zwar am letztern Tage mit Amt und Predigt, wobei im innern freien Schloßraume eine Kanzel aufgeschlagen wird. Dafür bezieht der Kurat von Kauns nach altem Herkommen vom Schloßverwalter jährlich 1 Mutt Roggen oder die entsprechende Vergütung in Geld." (Tinkhauser, a.a.O., S. 373 f.) Die 1469 ebenfalls dem hl. Bartholomäus geweihte, im Kern romanische Burgkapelle von Schloss Friedberg in Volders weist einen auf Konsolsteinen aufru-

henden Altarerker auf. Architektonisch eindrucksvoll zeigen sich die 1515–1519 von Niklas Türing d. Ä. und Gregor Türing erbaute Georgskapelle in der landesfürstlichen Burg Hasegg in Hall, die, an drei Seiten freigestellt, in eine netzgratgewölbte Halle hineingestellt wurde und einen barocken Altar birgt, sowie die dem hl. Stephanus geweihte Kapelle in der Burg Landeck, die um 1520 entstanden ist. Zu den wenigen barocken Burgkapellen gehören die 1620 neu geweihte, 1776 umgestaltete und mit Rokokostuckaturen ausgestattete Burgkapelle auf der Burg Lichtenwerth bei Münster und die Schlosskapelle auf der Burg Freundsberg in Schwaz, die 1634–1637 barockisiert und mit drei

23.
*Ranggen, Ansitz Ferklehen mit frei stehender Hauskapelle.*

Säulenaltären ausgestattet wurde. Ein historistisches Raum-
erlebnis vermittelt hingegen die im Kern mittelalterliche
Burgkapelle auf Schloss Ambras bei Innsbruck, die
1863–1867 durch den Historienmaler Albert von Wörndle
freskiert wurde. Über eine Kapelle verfügten auch spätere
Befestigungsanlagen wie die in den Jahren 1552/63 und
1675/40 zur modernsten Fortifikationsanlage des Landes
ausgebaute Festung Kufstein, die 1607/09 von Bartolomeo
Lucchese erbaute Ehrenberger Klause bei Reutte und die im
Zuge des Dreißigjährigen Krieges errichtete Porta Claudia
in Scharnitz. Von dieser Kapelle, die dem hl. Josef geweiht
war, ist überliefert, daß mit Erlaubnis des Fürstbischofs von
Freising an Sonn- und Feiertagen für die Besatzung die hl.
Messe zelebriert und Gottesdienst gehalten werden durfte.
Seit dem Jahre 1715 geschah dies regelmäßig durch die
Augustiner von Seefeld, die der Garnison bei Bedarf die hll.
Sakramente spenden mussten und dafür vom k. k. Kriegs-
direktorium jährlich 40 Gulden Ganggeld erhielten.
In der Tradition der Burgkapellen stehen auch die Kapellen

24.

*Innsbruck, Kapelle im ehemaligen Sieber'schen Waisenhaus (heute Siebererschule), ein risalitartig vorspringender Baukörper mit kraftvoller Architekturgliederung und thematisch auf die ursprüngliche Gebäudefunktion bezogener figürlicher Ausstattung.*

in den zahlreichen Ansitzen, deren Ausstattung fast durchwegs aus dem Barock, vereinzelt auch aus dem Historismus stammt. Als spätgotischer Raum mit Netzgewölbe und neugotischer Dekorationsmalerei präsentiert sich noch die Kapelle im Ansitz Weiherburg in Innsbruck, die im Erdgeschoß des mittelalterlichen Wohnturmes situiert ist. Der westlich von Unterperfuss gelegene Ansitz Ferklehen, 1703 nach einem Brand wiedererrichtet, besitzt eine zweigeschossige, in die Einfriedungsmauer eingebundene Kapelle, die an der Fassade eine Sonnenuhr mit Herz-Jesu-Motiv zeigt und ein klassizierendes Altärchen birgt (Abb. 23). Gleich über zwei Kapellen verfügt das so genannte Sternbachschlössl in Innsbruck-Mühlau. Die Mariae Himmelfahrt geweihte Schlosskapelle wurde 1720 anstelle eines Vorgängerbaues errichtet, weist eine aufwändig gestaltete Giebelfassade auf und zeigt im Innenraum reiche Laub- und Bandlwerkstuckaturen, Deckenfresken von Kaspar Waldmann und einen Stucco-lustro-Altar. Eine weitere Hauskapelle befindet sich im Dachgeschoß des Ansitzes. Als Sakralräume des Historismus präsentieren sich hingegen die Kapellen im Ansitz Sigmundslust in Vomp (1582 geweiht, um 1900 neugotisch umgestaltet) und im 1655/58 erbauten Ansitz Achenrain in Kramsach.

Auch im bürgerlichen Bereich waren Hauskapellen seit dem Mittelalter verbreitet, so wird aus Regensburg berichtet, dass es in der Stadt so viele

Kapellen gegeben habe, wie das Jahr Tage hat. Diese Zahl ist als Topos zu verstehen, der eine große Menge bezeichnen sollte und auch in anderen Städten, wie etwa in Köln, zur Charakterisierung einer reichen Kapellenlandschaft diente. Für das Innsbrucker Stadtgebiet wurden 1985 sechsunddreißig Hauskapellen erhoben, von denen sich der überwiegende Teil in öffentlichen Gebäuden befindet. Aus dem Jahre 1511 stammt die Kapelle im alten Regierungsgebäude (Claudiana) in der Innsbrucker Altstadt mit zartem Sternrippengewölbe. 1572 wurde die Kapelle im Ettlhaus mit reicher Renaissanceausstattung gestiftet. Über Hauskapellen verfügen auch die zahlreichen Altersheime, Schülerheime, Gefängnisanstalten und andere soziale Einrichtungen. Exemplarisch sei in diesem Zusammenhang auf die 1724 auf Kosten der tirolischen Stände erbaute Kapelle im Innsbrucker Straf-Arbeitshaus (Turnusvereinshaus) verwiesen, in der täglich die hl. Messe gelesen und 1820 eine ordentliche Seelsorge installiert worden war. Kulturgeschichtlich von Bedeutung sind die Hauskapellen in der heutigen Siebererschule (als Grablege des Stifters, Abb. 24) und im Städtischen Altersheim im Innsbrucker Saggen, die in den Jahren 1886–1889 bzw. 1907–1909 nach Plänen des Stifters errichtet wurden und im monumentalen Gebäudekomplex durch ein Ädikula-

25.
Innsbruck, Universitäts-
pfarre, Kapelle Hl. Clemens
Maria Hofbauer, Madonna
mit Kind des Grödner Bildhauers Guido Anton Muss
aus dem Jahre 2001.

portal hervortreten. Als Dokument zeitgenössischer Architektur zeigt sich die dem hl. Clemens Maria Hofbauer geweihte Kapelle der Innsbrucker Universitätspfarre, die in
den Jahren 1998/99 nach Plänen von Josef Lackner errichtet wurde und 2001 eine künstlerische Ausstattung des
Südtiroler Künstlers Guido Anton Muss (Kruzifix und Ma-
donnenfigur, Abb. 25) erhielt.

In ursächlichem Zusammenhang mit den religiösen Gepflogenheiten der verschiedenen Ordensgemeinschaften
stehen die klösterlichen Hauskapellen. Die hinter dem

26.
Hall in Tirol, Faistenberger-
Sommerhaus, Annen-
kapelle. Das 1715/16 als
verputzte Fachwerk-
konstruktion errichtete
Sommerhaus birgt einen
großen, vom Innsbrucker
Maler Kaspar Waldmann
freskierten Festsaal, an den
nordseitig als Andachts-
raum die Annenkapelle
angefügt ist.

Hochaltar der Stiftskirche situierte barocke Chorkapelle des Prämonstratenserchorherrenstiftes Wilten wurde 1967 durch Architekt Robert Schuller neu gestaltet, jene der Benediktinerabtei St. Georgenberg-Fiecht im Jahre 2000 durch den Passauer Bildhauer Sebastian Hafner künstlerisch neu interpretiert. In der Zisterzienserabtei Stams finden wir im Krankentrakt eine eigene, 1768/69 von Josef Schöpf freskierte Hauskapelle. Im Schwazer Franziskanerkloster beeindruckt die urkundlich 1509 errichtete Bonaventurakapelle mit Grat- bzw. Rippengewölbe. Verhältnismäßig selten finden wir Kapellen hingegen in Pfarrhöfen. Deshalb kommt der 1510 erbauten, 1868 neugotisch umgestalteten Kapelle im Widum von Flaurling und jenen im Widum von Kitzbühel, Ampass, Zams, Gnadenwald und Mieming besondere Bedeutung zu. Hauskapellen finden sich auch in den Sommersitzen der Stifte und Klöster, wie im einstigen Sommerhaus des adeligen Damenstiftes (1715/16, mit Wand- und Deckenmalereien von Kaspar Waldmann, Abb. 26) und im Salesianerinnenkloster Thurnfeld (mit Renaissanceflügelaltärchen von Lucas Cranach) in Hall. Beeindruckend sind auch die Hauskapellen im

Prälatenhof in Buchau am Achensee mit plastischer Ausstattung von Franz Xaver Nissl und im Sommerhaus des Prämonstratenserchorherrenstiftes Wilten in Lüsens (1782), mit klassizistischer Ausmalung von Josef Denifle und Knorpelstilaltar (Abb. 27). Weitere Beispiele finden sich auf der Stamser Alm (1748, mit Rokokostuck und Deckenfresken von Josef Jais sowie Altar von Johann Reindl) und im ehemals jesuitischen Madleinhof in Thaur.

*28.*
*Brandenberg, ehemaliges Schulhaus mit Schulkapelle (Hachakapelle), Außenansicht.*

*27.*
*St. Sigmund im Sellrain, Herrenhaus des Prämonstratenserchorherrenstiftes Wilten in Lüsens, Magdalenenkapelle. Der von den kühlen Farbtönen des Klassizismus bestimmte Innenraum wird durch eine reiche Architekturmalerei gegliedert, der schwarz-gold gefasste Altar ist noch dem Knorpelstil des 17. Jahrhunderts verpflichtet.*

Verhältnismäßig selten haben sich hingegen historische Hauskapellen in Hospizen und Krankenhäusern erhalten, wie im 1386 gegründeten Hospiz in St. Christoph am Arlberg, das 1956 durch Brand weitgehend zerstört, wiederaufgebaut und von zeitgenössischen Künstlern ausgestattet wurde. Die ehemalige Wörgler Spitalskapelle, ein 1931 geweihter, 1945/46 nach Kriegszerstörung wiederaufgebauter Saalraum mit Glasmalereifenstern von Gottlieb Schuller, wurde 1996 abgebrochen. Das gleiche Schicksal widerfuhr der Krankenhauskapelle in Innsbruck, ein den Gestaltungsprinzipien der Neuen Sachlichkeit verpflichteter Sakralraum mit plastischer Ausstattung von Hans Buchgschwendter. Als Ersatz dienen die so genannte Weiße Kapelle im Komplex der Frauen- und Kopfklinik, deren architektonische Gestaltung vom Bildhauer Rudi Wach stammt, und die Kapelle im Medizinischen Zentrum Anichstraße, die von Ernst Caramelle ausgestaltet wurde. Weitgehend im Originalzustand erhalten ist hingegen die 1930–1934 nach Plänen von Architekt Willi Braun errichtete Kapelle im Krankenhaus der Barmherzigen Schwestern in Zams, die mit eindrucksvollen Glasmalereifenstern von Karl Rieder ausgestattet wurde.

Ein weiteres Charakteristikum der Tiroler Kulturlandschaft sind die zahlreichen, zumeist architektonisch schlichten und einfach ausgestatteten Schulkapellen, die seit der Einführung der allgemeinen Schulpflicht durch Kaiserin Maria Theresia im Jahre 1774 entstanden und besonders im Tiroler Unterland, dem durch weit verstreute Einzelhofsiedlungen charakterisierten alten Anerbengebiet, verbreitet sind (Brandenberg, 1928, Abb. 28; Gerlosberg 1843; Pillberg, 1849; Rettenschöss 1739/1875). Darüber hinaus verfügen auch größere Schulen – wie das Innsbrucker Pädagogium (1875/76 erbaut), die Landwirtschaftliche Lehranstalt in Imst (1929 erbaut, 1947 künstlerisch neu ausgestaltet), das bischöfliche Gymnasium Paulinum in Schwaz (1929/30, mit Glasfenstern von Karl Rieder) oder die Theresianische Normalschule (1777 neu erbaut) – über eigene Kapellen.

## Kapellen als Anräume in Kirchen

Als architektonisch ausgeschiedene Anräume in Kirchen treten Kapellen bereits im Mittelalter in Erscheinung. Zumeist handelt es sich dabei um Grablegen der hohen Geistlichkeit, adeliger Stifter oder wohlhabender Bürger. Darüber hinaus entstanden Seitenkapellen auch zur Aufnahme einer Reliquie(nsammlung) bzw. eines Gnadenbildes, zu Ehren bestimmter Mode- und besonders verehrter Ordensheiliger. Das Bedürfnis nach einer repräsentativen Grablege verband sich beim Stifter auch mit dem Wunsch, für das Seelenheil ein Bauwerk zu errichten, das der Nachwelt Zeugnis vom Selbstverständnis desselben ablegte. Als Grablege entstand beispielsweise die Münichauerkapelle in Kitzbühel, die Mitte des 15. Jahrhunderts westseitig an die Stirnwand der Pfarrkirche angefügt wurde. Besonders eindrucksvoll zeigt sich das Motiv der Grablege bei der 1489/94 erbauten Fiegerkapelle in Hall, die der Westfassade der Pfarrkirche vorgelagert ist: „Die Vorhalle ist eigentlich ein Mausoleum, welches sich

über der Grabstätte der Edlen von Füger erhebt; schließt sich aber so dem Portale an, daß sie eigentlich um desselben willen ausgeführt worden zu sein scheint. Der Bau steigt in polygonaler Gestalt wie eine Ab(!)side auf; vier Bögen zwischen denen sich das gotische Gewölbe spannt bilden den Schluß. Darüber erhebt sich eine Capelle, welche mit der Empore der Kirche in Verbindung steht. Die ganze Vorhalle ist aus gemeißelten Steinen von schwärzlicher Farbe zusammengefügt und ziemlich reich geziert. Hier ruhen die Ahnen des reich begüterten und hoch geachteten Geschlechtes der Füger, welche später in den Grafenstand erhoben worden, und zu Anfang dieses Jahrhunderts erloschen sind." (Tinkhauser, a.a.O., S. 362.)

29.
*Volders, Karlskirche,
Blick von der Vorhalle in
die südseitig angebaute
Stachelburgerkapelle.*

Auch im Komplex des 1384 von Hans Kumersprucker gestifteten Rattenberger Augustinerklosters findet sich eine 1494/95 vom reichen Gewerken Virgil Hofer als Grablege gestiftete Kapelle, ein spätgotischer Bau mit Netzrippengewölbe und vierpassförmigem Schlussstein mit Stifterwappen. Als adelige Stiftungen und Grablegen entstanden auch die frühbarock ausgestaltete Fieger- und die Stachelburgerkapelle (Abb. 29), die 1697 bzw. 1710 sekundär an die Vorhalle der Karlskirche in Volders angebaut wurden. Da die Renaissance als Hofkunst im Lande keine Breitenwirkung fand, stellt die westseitig an die 1553–1563 erbaute Innsbrucker Hofkirche angefügte Sil-

berne Kapelle eine singuläre Erscheinung dar. Als landesfürstliche Grablege für Erzherzog Ferdinand II. und seine
erste Gemahlin Philippine Welser nach Plänen der Hofbaumeister Hans und Albrecht Lucchese errichtet, 1578
geweiht und 1586/87 erweitert, zeigt sie sich als stim-
mungsvoller Renaissanceraum mit gotischen Anklängen
und birgt in Wandnischen die von Alexander Colin ge-
schaffenenen Grabmäler (Abb. 30). Die künstlerische
Ausstattung der Kapelle komplettieren eine kniende Porträtfigur des Landesfürsten im Leibharnisch in adorieren-
der Haltung und ein in Ebenholz und Elfenbein ausge-

31.
*Mariastein, Burg und Wall-
fahrtskapelle. An eine der
frühesten Funktionen der
Kapelle als Aufbewahrungsort von Reliquien, Throninsignien, Schätzen, Siegeln
und Archivalien erinnert die
Verwahrung der Insignien
des Tiroler Landesfürsten
Erzherzog Ferdinand II. in
der 16872–1685 barocki-
sierten Gnadenkapelle auf
der Burg Mariastein.*

30.
*Innsbruck, Hofkirche Hl.
Kreuz, Silberne Kapelle.
Grabmal Erzherzog
Ferdinands II. von
Alexander Colin aus den
Jahren 1588–1596 und
Leibharnisch des Landes-
fürsten von Hans Jakob
Topf an der knienden
Porträtfigur desselben.*

führter, mit Silberreliefs verzierter Altar. Ebenfalls als landesfürstliche Grablege dient die 1681–1684 in Form einer Confessio angelegte und mit Schnitzfiguren von Andreas Thamasch ausgestattete Gruftkapelle in der Stamser Stiftskirche. 1676 ließ Anton Sterzinger an der Evangelienseite des Langhauses der Pfarrkirche von Prutz eine Kapelle zu Ehren des zu jener Zeit besonders verehrten hl. Antonius von Padua errichten, die zugleich auch als Begräbnisstätte der Sterzingerischen Familie diente. Zur Aufnahme des berühmten Haller Heiltumsschatzes stiftete Florian Ritter Waldauf, Berater Kaiser Maximilians, 1492 die nach ihm benannte Waldaufkapelle im nördlichen Seitenschiff der Pfarrkirche, die noch Reste der vom Stifter erworbenen Reliquiensammlung birgt. Unter den zur Aufbewahrung einer Reliquie erbauten Kapellen ist die Heilig-Blut-Kapelle im Stift Stams von besonderem Interesse: 1306 geweiht, 1625 teilweise abgebrochen, 1715–1716 nach Plänen Georg Anton Gumpps barock umgestaltet, befindet sich in ihr eine Reliquie „der mit dem hlst. Blute des Erlösers befeuchteten Erde, welche unter dem Abte Konrad I. nach Stams gekommen, und i. J. 1630 mit großer Feierlichkeit in dieser Kapelle hinterlegt worden ist." (Tinkhauser, a.a.O., S. 321). Ebenfalls zur Aufbewahrung einer Reliquie entstand die Heilig-Blut-Kapelle in der Pfarrkirche von Seefeld, die laut Inschrift am Treppengeländer im Auftrag Erzherzog Ferdinands II. 1574 von Hofbaumeister Alberto Lucchese erbaut und 1724 barockisiert wurde. Zur Aufbewahrung einer Reliquie fügte man 1730 nordseitig an das Langhaus der Pfarrkirche von Tarrenz die Kreuzkapelle an, die im Altar einen Reliquientabernakel birgt, dessen Kreuzpartikel ursprünglich in der Schlosskapelle der nahe gelegenen Burg Altstarkenberg verwahrt wurde. In der urkundlich 1361 erstmals erwähnten Burg Mariastein wer-

den in der 1682–1685 umgebau-
ten Gnadenkapelle, einem ge-
wölbten Raum mit historistischer
Raumfassung und Rokokoaltar –
im Sinne der historischen Tradition
–, die vom Tiroler Landesfürsten
Erzherzog Ferdinand II. dorthin
gestifteten landesfürstlichen Insignien aufbewahrt (Abb. 31).

Besonderer Verehrung erfreute
sich das Gnadenbild der an die
ehemalige Dominikanerinnenkir-
che von Kramsach-Mariathal an-
gefügten Marienkapelle, eine spätgotische Pietà aus der Zeit um
1500, die in einen Barockaltar integriert ist. Als Zentrum einer regional bedeutsamen Wallfahrt
scheint auch die 1707 erbaute Ec-
ce-Homo-Kapelle im einstigen Rattenberger Servitenkloster auf, ein
Zentralraum mit reichem Akan-
thusstuck und Wandgemälden
von Johann Josef Waldmann. Der
dort befindliche Barockaltar (Abb.
32) birgt einen spätgotischen
Schmerzensmann, der als Kultge-

genstand fungiert, über bewegliche Gliedmaßen verfügt
und auf wundersame Weise die Zunge bewegt haben soll.
Die Gnadenkapelle in der Wallfahrtskirche von Kalten-
brunn wurde im Zuge der Barockisierung der Kirche 1714
als eigenständiger, in der Mitte des Langhauses stehender
überkuppelter ovaler Bau mit Rundbogenöffnungen errichtet. Das eigentliche Gnadenbild ist in ein Renaissance-
altärchen integriert.

Die weit verbreitete Verehrung des Gnadenbildes von Maria Einsiedeln dokumentiert die 1725 an die Epistelseite des
Langhauses der Pfarrkirche von Hatting angefügte Seitenkapelle, die ursprünglich eine Kopie des Einsiedler Gnadenbildes barg. Auf die barocke Nepomukverehrung weist

32.
Rattenberg, Ecce-Homo-
Kapelle im ehemaligen
Servitenkloster. Der 1707
in die ehemalige Nord-
westecke des Kreuzgangs
eingestellte quadratische
Raum birgt einen spät-
gotischen Schmerzens-
mann, der ursprünglich
vermutlich in der Oster-
liturgie verwendet wurde.

die nordseitig an das Langhaus der Pfarrkirche von Umhausen angefügte Nepomukkapelle hin, die 1771 nach einem verheerenden Unwetter erbaut wurde. Dem hl. Wolfgang ist eine Seitenkapelle in der Kirche des Lienzer Domi-
nikanerinnenklosters geweiht, die einen Altar aus dem 19.
Jahrhundert mit einer spätgotischen Plastik des Heiligen
birgt. An den von den Jesuiten besonders verehrten hl.
Franz Xaver erinnert hingegen die 1663 an das Langhaus
der Haller Allerheiligenkirche angebaute Franz-Xaver-Ka-
pelle, ein reich stuckierter Raum mit Empore und beweg-
tem Altaraufbau. In Vils wurde die 1477 von Rudolf I. von
Hoheneck zu Vilseck gestiftete Katharinenkapelle 1709 neu
errichtet und sekundär mit der Pfarrkirche verbunden.

# Friedhofskapellen

Die ältesten frei stehenden Kapellen finden wir in der Regel auf den Friedhöfen, wo seit der Romanik kleinere,
häufig auch doppelgeschossige Sakralbauten errichtet
wurden, deren Untergeschoß der Aufbewahrung ausge-
grabener Gebeine diente, während das Obergeschoß als
Altarraum für Totenmessen fungierte. Diese im allgemeinen Sprachgebrauch Karner (vom lateinischen carnarium
= Fleischkammer) bezeichneten Objekte werden in Tirol
sinnfällig Beinhaus genannt und verdanken ihre Entstehung nicht zuletzt auch dem Umstand, dass sich Friedhöfe bereits im Mittelalter häufig als zu klein erwiesen
und bei Neubestattungen Exhumierungen älterer Gräber
erforderlich waren.
Besonderes Augenmerk wurde kirchlicherseits auf den
Zustand der Beinhäuser gelegt. Einem Visitationsproto-
koll aus dem Jahre 1728, das die Gemeinde St. Veit in De-
freggen betrifft und im Pfarrarchiv von Matrei in Osttsi-
rol verwahrt wird, ist beispielsweise zu entnehmen: „Die
Beinhäuser sollen geschlossen und sauber gehalten werden, und besser soll man die Knochen eingraben; in ihnen soll man ein Weihwasserbecken anbringen." In der

Tradition der keltischen Jenseitsvorstellung wurden die Totenköpfe als Sitz der Seele angesehen, weshalb ihnen bei einer Exhumierung auch besondere Sorgfalt geschenkt wurde. Insbesondere im bajuwarischen Siedlungsgebiet wurden die Schädel der Verstorbenen durch schwarze oder farbige Bemalung mit Laubkränzen, Kranzornamenten, Initialen oder Todesjahr durch so genannte „Totenmaler" (z. Bsp. Peter Schechl in Kolsass) ihren Nachfahren kenntlich gemacht. In Tirol ist dieser Brauch besonders im Unterinntal verbreitet und hat sich mancherorts auch bis ins 20. Jahrhundert erhalten, während eine Bemalung der Totenschädel im Oberinntal – mit Ausnahme des Paznauntales – nicht gebräuchlich ist. Im Paznauntal konnten um 1880 noch 873 Beinhausschädel wissenschaftlich untersucht werden. Heute findet sich nur mehr in Galtür (Abb. 33) ein gegenüber dem Haupteingang an die Kirche angefügtes, 1967/68 neu erbautes und als Kriegerdenkmal adaptiertes Ossuarium, das 28 mit Namen und Sterbedatum versehene und mit Blütenkränzen oder Blattzweigen bemalte Schädel birgt. In den Ossuarien des Ötztales war hingegen kein einziger Schädel bemalt. Nur einige Schädel in Ötz waren

*33.*
*Galtür, Pfarrkirche,*
*ehemaliges Beinhaus als*
*Ansichtskartenmotiv der*
*Zwischenkriegszeit.*

34.
Hall in Tirol, Magdalenenkapelle, Innenansicht mit
spätgotischem Flügelaltar
aus dem Tertiarinnen-
kloster St. Magdalena im
Halltal.

mit Tinte beschrieben oder – wie in Längenfeld und Ötz
– mit beschrifteten Zetteln beklebt bzw. durch farbige,
um einen Jochbogen geknüpfte Bänder gekennzeichnet
gewesen. In der barocken Friedhofskapelle von Wildschö-
nau/Oberau bilden symmetrisch angeordnete Totenköpfe und Knochen die sinnfällige Rahmung des Altarbildes.
Im Untergeschoß der gotischen Friedhofskapelle von Elbigenalp sind die Gebeine noch an der Rückwand aufge-
stapelt.

Zu den ältesten Friedhofskapellen in Tirol zählt die Magdalenenkapelle in Hall i. T., ein zweigeschossiger Bau mit quadratischem Grundriss, Sichtmauerwerk und Zeltdach, dessen heute profaniertes Untergeschoß noch aus der 2. Hälfte des 13. Jahrhunderts stammt, während das Obergeschoß vermutlich um 1330 entstand. Die mit einem Kreuzrippengewölbe versehene ehemalige Allerheiligenkapelle im Obergeschoß wurde 1923 als Kriegerdenkmal adaptiert. Sie zeigt an der Südwand eine 1466 gestiftete Weltgerichtsdarstellung und birgt einen um 1490 entstandenen spätgotischen Flügelaltar (Abb. 34). Bereits um 1300 erstmals urkundlich erwähnt wurde die nördlich der Axamer Pfarrkirche gelegene und mit dieser durch die Sakristei verbundene Michaelskapelle, ein zweigeschossiger frühgotischer Bau mit Rundapsis, steilem Giebel und barockem Dachreiter, dessen Untergeschoß ursprünglich als Beinhaus genutzt und 1666 als Wilgefortiskapelle umgestaltet wurde. Sekundär als Friedhofskapelle und in der Folge auch als Kriegerdenkmal genutzt wird hingegen das erste Joch der 1325 datierten alten Pfarrkirche von Anras, als man 1751/56 nach Plänen des geistlichen Baudirektors Franz de Paula Penz die neue barocke Kirche erbaute. Urkundlich 1338 erstmals erwähnt wird die den Heiligen Michael und Margaretha geweihte Friedhofskapelle in Reith im Alpbachtal, ein ebenfalls zweigeschossiger Bau mit polygonaler Apsis, dessen ins Beinhaus führende Holztüre mit einer barocken Darstellung eines Skelettes versehen ist.

Möglicherweise ident mit der 1348 erstmals erwähnten ersten Kirche von Mieders im Stubaital ist die auch Kreuzkirche bezeichnete Totenkapelle des Dorfes, ein würfelförmiger Baukörper mit steilem Satteldach, dessen Altarwand ein 1718 datiertes Kreuzigungsfresko ziert. Ebenfalls noch aus dem 14. Jahrhundert stammt die im 17. Jahrhundert erneuerte, unterhalb des Presbyteriums der Pfarrkirche von Ötz gelegene Michaelskapelle, deren 1683 datierten Altar von Ignaz Waibl der Auferstehungsthematik (der hl. Michael als Seelenwäger) verpflichtet ist. Architektonisch der Haller Friedhofskapelle ähnlich zeigt sich die Michaelskapelle in Imst, ein 1470/71 von Meister Heinrich über qua-

Bedracht o Menſch, dein Lebenslauf.  Mach dich von Kindheit auf bereit,
    So geht es auf und ab,      Und denke an dem Tod,
Das Rad ſchwingt dich in die Höch hinauf  Daß du dort in der Ewigkeit,
    Dann unter biß ins Grab.       Kanſt ruhen ſtets bey Gott.

dratischem Grundriss errichteter zweigeschossiger Bau. Das einstige Beinhaus birgt heute ein von der Bevölkerung viel verehrtes Mariengnadenbild. Das mit einem Sternrippengewölbe versehene Obergeschoß wurde 1956 als Kriegerdenkmal adaptiert und durch Imster Künstler freskiert. Aus dem letzten Viertel des 15. Jahrhunderts stammt auch die 1479 geweihte, nordöstlich der Wiltener Basilika situierte Michaelskapelle, die im Zuge des Neubaues der Pfarrkirche barockisiert wurde. Urkundlich 1484 erstmals erwähnt wird die den Heiligen Heinrich und Kunigunde geweihte, 1809 nach Brand erneuerte Friedhofskapelle von Kirchdorf, deren als Beinhaus dienendes Untergeschoß sekundär zugeschüttet wurde.

Als besonders aufwändiges Bauwerk der Spätgotik zeigt sich die 1487 von Baumeister Hans Räffl, einem Vertreter der Landecker Bauhütte errichtete, dem hl. Sebastian geweihte Friedhofskapelle in Holzgau, ein zweigeschossiger Bau mit steilem Satteldach, Dachreiter und reicher architektonischer Gliederung. Das Untergeschoß wurde 1888 als Lourdesgrotte adaptiert. In der historistisch umgestalteten oberen Kapelle haben sich an der Nordwand szenische Darstellungen aus der Sebastianslegende eines schwäbischen Meisters aus der Zeit um 1490 erhalten. Ungefähr zur selben Zeit, im Jahre 1489, ist die Magdalenen- oder Martinskapelle an der nordöstlichen Ecke des Friedhofes von Holzgau entstanden, ein ebenfalls zweigeschossiger Bau mit steilem Satteldach, geradem Abschluss und Holzbalkendecken. Die untere Kapelle hat noch heute ihre ursprüngliche Funktion als Beinhaus, die obere zeigt Fresken aus dem Leben der hl. Magdalena und Holztafeln mit den Darstellungen des Totentanzes sowie das Stammregister Christi und Heilige von „Teutschland" von Anton Falger aus der Zeit um 1830.

Die Michaels- oder Hacklturnkapelle in Fügen wurde 1494/97 an die Nordseite der Pfarrkirche angebaut. Zeitgleich entstand auch die Gruftkapelle des Chores zu den Heiligen Philipp und Jakobus, die vermutlich ursprünglich als Beinhaus fungierte. Mittelalterlichen Ursprungs ist auch die mit dem Pfarrhof verbundene doppelgeschossige Allerheiligenkapelle in Kufstein, die auf eine Messstiftung des

36.
Längenfeld,
Friedhofskapelle, um
1690 im Zuge der
Barockisierung der
Pfarrkirche neu errichtet.

Christian Weinräntl aus dem Jahre 1502 zurückgeht, 1703 abgebrannt, anschließend wiederaufgebaut und als Hausoratorium des Hospizes der Augustinereremiten adaptiert wurde. Als letztes Werk im Rahmen des Neubaues der Schwazer Pfarrkirche entstand in den Jahren 1504/06 nach Plänen Hans Reichartingers die doppelgeschossige Friedhofskapelle zu den Heiligen Michael und Veit mit aufwändig ausgeführtem Treppenaufgang, in dessen Handlauf als Symbole der Vergänglichkeit Kröten, Eidechsen und Schlangen herausgemeißelt sind, und einem 1510 datierten Flügelaltar von Christof Scheller aus Memmingen. Ebenfalls ein spätgotischer Bau ist die der hl. Margaretha geweihte Friedhofskapelle von Niederndorf, die gotische Wandgemälde und moderne Glasmalereifenster von Albert Birkle aufweist. Nur noch namentlich an ihre ursprüngliche Funktion erinnern die Friedhofskapellen von Oberlienz („Grüftl", mit Weltgerichtsfresko von 1530), Gaimberg („Grafendorfer Grüftl") und Virgen („Totenbahrhäuschen", um 1800).

Wesentlich reicher ist der Bestand an Friedhofskapellen aus der Epoche des Barock, als im Zuge der Gegenreformation und des allgemeinen wirtschaftlichen Aufschwunges zugleich mit

37.
Längenfeld,
Friedhofskapelle,
Schmerzensmann in
von gedrehten Säulen
flankierter Wandnische,
Ende 17. Jh.

dem Neubau der Kirche häufig auch eine neue Friedhofskapelle errichtet wurde. Mitunter wurde der Typus eines
würfelförmigen Baukörpers mit Pyramidendach wieder
aufgenommen, auf eine Doppelstöckigkeit jedoch in der
Regel verzichtet. Als signifikantes Beispiel zeigt sich die um
1690 erbaute Friedhofskapelle von Längenfeld, deren Fa-
sade durch eine reiche gemalte Architekturgliederung
strukturiert wird (Abb. 36). Der kreuzgratgewölbte Innenraum zeigt einen die gesamte Stirnwand einnehmenden

Altaraufbau mit zentralem Arme-Seelen-Bild von Josef Stecher aus dem Jahre 1857 und flankierenden Wandnischen, in denen die Schnitzfiguren des Schmerzensmannes (Abb. 37) und der Schmerzensmutter zu sehen sind. Die Darstellung der armen Seelen, deren Erlösung der Fürbitte Mariens empfohlen wird, ist ein überaus populäres Motiv im Rahmen der christlichen Eschatologie und daher auch besonders häufig in Friedhofskapellen zu finden. Die Mensanischen waren ursprünglich vergittert und bargen fein säuberlich geschlichtete Totenköpfe. Um 1700 entstanden ist auch die Friedhofskapelle von St. Leonhard im Pitztal, ein kreuzgratgewölbter Bau mit Stuckdekor und korbbogig geschlossener Altarnische. Auch hier finden sich im Mensabereich dreipaßförmig bzw. rundbogig geschlossene Wandnischen, in der sich ursprünglich Totenköpfe befanden und Leinwandbilder mit allegorischen Darstellungen. Aus derselben Zeit datiert der würfelförmige Baukörper der Friedhofskapelle von Wildschönau-Oberau. Das von Totenköpfen umrahmte Altarbild zeigt die Auferstehung Christi und die Vier letzten Dinge und wird in seiner Aussage noch durch barocke Tafelbilder mit der Darstellung der sieben Todsünden verstärkt (Abb. 38). Eindringlich an die Vergänglichkeit des Lebens gemahnt auch die barocke Darstellung des Lebensrades aus der Friedhofskapelle von Inzing (Abb. 35). Reiche szenische Darstellungen zu dieser Thematik

38.
Wildschönau, Friedhofskapelle, Totenköpfe als Memento-mori-Symbole.

39.
*Innsbruck, Mühlauer
Friedhof, Friedhofskapelle
von Architekt Willi Stigler,
Ansicht von Südwesten,
nach 1926.*

zeigen auch die Gewölbemalereien in den Friedhofskapellen in Kramsach-Voldöpp (um 1700, von Johann Josef
Waldmann), Rinn (um 1776, von Josef und Franz Giner)
und Buch bei Jenbach (1826, von Johann Endfelder).
In ursächlichem Zusammenhang mit dem Wachstum der
Dörfer und Städte in der 2. Hälfte des 19. Jahrhunderts
steht die Anlage neuer Friedhöfe, die häufig von einer
eindrucksvollen historistischen Arkadenanlage mit inte-
grierter Friedhofskapelle abgeschlossen werden (Schwaz
und Innsbruck/Westfriedhof, 1855; Innsbruck/Mariahilf,
1883; Imst und Hall, um 1900; Lienz, 1901/04).
Den Gestaltungsprinzipien der Neuen Sachlichkeit verpflichtet ist hingegen der 1926 nach Entwürfen von Willi
Stigler angelegte neue Friedhof in Innsbruck-Mühlau
(Abb. 39), sowie die 1928 nach Plänen von Clemens Holzmeister durchgeführte Friedhofserweiterung in Jenbach,
bei der Kapelle und Arkaden noch das expressionistische
Motiv des vom Boden aufsteigenden Spitzbogens verwen-
den und damit in inhaltlichem Bezug zur mittelalterlichen
Sakralarchitektur stehen. Mit der in späterer Zeit erfolgten
Adaptierung des Beinhauses als Andachtsraum ergab sich
die Notwendigkeit, einen adäquaten Ersatz hierfür zu
schaffen, den man mitunter, wie etwa in Ötz, St. Veit i. D.
oder Virgen, auch im Untergeschoß der Kirchtürme fand.
In Natters und Ellbögen wurden die einstigen Beinhäuser
hingegen zu Kriegergedächtniskapellen umfunktioniert.

## Kapellen im ländlichen Raum
## (Hofkapellen und Fraktionskapellen)

In ursächlichem Zusammenhang mit der starken Religiosität des Bauern steht die große Anzahl von Kapellen im ländlichen Raum. Als Hof-, Nachbarschafts- oder Fraktionskapellen sind die Kapellen ein äußerlich sichtbares Zeichen bäuerlicher Frömmigkeit und gleichsam zum Inbegriff dieser Denkmalkategorie geworden. Weit mehr als andere Berufsgruppen ist der Bauer in seiner Arbeit von höherer Gewalt abhängig. Durch Jahrhunderte hindurch stand die Religion im Mittelpunkt des bäuerlichen Lebens und bestimmte den Lebens- und Jahreslauf, das Denken und Handeln. Aus der Lebhaftigkeit und Tiefe des religiösen Empfindens resultierte das starke Verlangen nach religiöser Betreuung. Die Anzahl der Pfarreien war im Verhältnis zur Ausdehnung des Landes gering. Der Kirchweg häufig mit großem Zeitaufwand und Erschwernissen verbunden. Es ist daher nur allzu verständlich, dass

*40.*
*Ötz, Kapelle auf der Seite,*
*ein Zeugnis barocker*
*Volksfrömmigkeit am Son-*
*nenhang des Ötzerberges.*

**42.**
Längenfeld, Mariahilfkapelle in Oberried. „...diese Capell sambt Altärl und Glöggl ist aus beytrag der ganzen gemaind von Maurermaister Fulgenz anno 1725 erbauet worden. Der heilige Creuzweg aber wurde aus gemainer samblung anno 1740 errichtet und eingesetzt." (aus der Kapellenchronik). Das 1726 datierte Altarbild zeigt Maria als Fürbitterin der armen Seelen und stammt von Josef Anton Prenner aus Schwaben.

**41.**
Arzl i. Pitztal, Annenkapelle in Hochristen. Die 1691 datierte Kapelle, ein dreijochiger Bau mit Dreiseitschluss und Stichkappengewölbe, weist einen um 1700 entstandenen Altar auf, dessen Architektur sich in den Wandnischen fortsetzt.

kleinere Häusergruppen abseits vom Sitz der Pfarre den Wunsch nach einer kleinen Kirche oder Kapelle äußerten. So verfügte beispielsweise die Gemeinde Wattenberg im Wattental, die aus Einzelhöfen und Weilern besteht und 1923 152 Häuser mit 425 Bewohnern aufwies, über 11 Kapellen, in welchen sich die Nachbarn zum Gebet zusammenfanden, da der Weg zur Pfarrkirche nach Wattens sehr weit war. Der Schriftsteller Beda Weber berichtete

1838 aus seiner Osttiroler Heimat: „Man hat Beispiele,
daß mehrere wohlhabende Besitzer lieber ihres Wohl-
standes als eine dürftige Haus- und Hofkapelle entbehren
wollten. Deshalb findet man auch nirgends so viel Zu-
kirchlein und Kapellen, nirgends die Seelsorgskirche im
schlechtern Zustande, als im Iselthale, weil die Kräfte in
egoistischer Absonderung zersplittert werden."
Selbst auf der Alm wollte man nicht auf eine Kapelle ver-
zichten, weshalb sich auch in Almsiedlungen wie dem
Harlaßanger in Kirchberg (1659 gestiftet, 1715 neu erbaut), der Oberstalleralm in Innervillgraten (um 1910 erbaut, Abb. 43), der Jagdhausalm in St. Jakob in Defereg-
gen (1744 urkundlich erwähnt) oder am Großen Ahorn-
boden in der Hinterriss Kapellen finden. Oft war die Erbauung solcher Kapellen mit großen Schwierigkeiten
verbunden, wie in der Fraktion Hinterbichl in Prägraten in
Osttirol, wo für die 1752 errichtete Kapelle der benötig-
te Sand stundenlang auf dem Rücken herbeigetragen
werden musste. Ebenso mühsam gestaltete sich der Bau

*43.*
*Innervillgraten,*
*Oberstalleralm, ein*
*eindrucksvolles, weit-*
*gehend unversehrt*
*erhaltenes Ensemble*
*bäuerlicher Architektur mit*
*um 1910 erbauter Kapelle.*

44.
Bach, Kapelle Maria vom
Guten Rath in Schönau.
Der architektonisch
schlichte Bau birgt einen
prachtvollen, Mitte des 18.
Jahrhunderts entstandenen
Stuckmarmoraltar und
Wandfiguren von Josef
Georg Witwer.

der Gmailkapelle in St. Johann oder der Allerheiligenkapelle in Virgen-Göriach.

Inbesondere im Außerferner Lechtal treten häufig auch
wohlhabende ältere Ehe- oder Geschwisterpaare als Stifter von Kapellen auf: Sebastianskapelle in Häselgehr/Grie-
sau, 1696 von Katharina Peissenberger; Josefskapelle in
Holzgau/Dürnau, 1706 von Johann Georg Lang; Kapelle
Maria vom Guten Rath in Bach/Schönau, 1732 von Christian Scharf und den Schwestern Rosina und Maria Huber
gestiftet (Abb. 44). In den meisten Fällen fehlen jedoch
nähere Angaben über den Grund der Erbauung einer Kapelle. Auch in den Übergabsverträgen von Haus und Hof,
verzeichnet in den Verfachbüchern, werden Kapellen in
der Regel nicht erwähnt, da sie automatisch zum Anwe-
sen gehörten und als sakrale Objekte im Falle einer Erb-
schaft nicht versteuert werden mussten.

Entsprechend der kirchenrechtlichen Stellung unterschei-
den sich auch die religiösen Übungen, die in Hof- oder
Fraktionskapellen stattfinden, von jenen in Pfarr- und Fili-
alkirchen. In größeren Kapellen finden in mehr oder we-
niger regelmäßigen Abständen Messfeiern statt. Des Öf-
teren sind sie auch das Ziel von Bittgängen oder es wird

*45.*
*Elbigenalp, Ölbergkapelle,*
*Votivbild aus der*
*1. Hälfte des 19. Jahr-*
*hunderts mit Darstellung*
*der Übertragung des*
*Christusbildes vom*
*hölzernen Vorgängerbau*
*in die neu errichtete*
*Ölbergkapelle.*

zumindest das Patrozinium feierlich begangen. In Ischgl ist beispielsweise die Antoniuskapelle in Versahl das Ziel zweier Prozessionen, die am Namenstag des Patrons und am Gallustag stattfinden. Auch die Martinskapelle in Tannheim wird zu Martini von einer Reiterprozession aufgesucht. Kleinere Kapellen dienen in der Regel nur der privaten Andacht. Man hält in ihnen die Maiandacht oder betet den Kreuzweg (in der vorösterlichen Fastenzeit) und den Rosenkranz (im Oktober bzw. bei Sterbefällen). Gehört die Kapelle der Nachbarschaft, geht der Dienst „reihum", jedes Haus ist für einen genau festge-

46.
*Längenfeld, Sennkapelle, 1701 von Maurermeister Peter Keil erbaut. Gestiftet von Daniel Holzknecht und der Rosina Leitner – „wegen armseeligen leibs Gstöll ihres Sohnes tomo Holzknecht".*

legten Zeitraum für die Pflege der Kapelle und das Bet-
läuten zuständig. Bei familiärem Bezug werden auch
Hochzeiten und Taufen in der eigenen Kapelle gefeiert.
Dem Lebenskreis folgend spielen Kapellen als so genannte Totenrast auch am Ende des Lebens eine Rolle, wenn
der Sarg auf dem Weg zum Friedhof zum Gebet vor der
Kapelle abgestellt wird.

Die Kapellen im ländlichen Raum stehen meist in unmittelbarer Nähe des bäuerlichen Anwesens oder im Zen-
trum des Weilers, mitunter auch an einem landschaftlich
besonders markanten, weithin sichtbaren Platz. Verein-
zelt finden wir Kapellen auch in Bauernhäusern wie beim
Högerhof in Hopfgarten im Brixental, in der Virgener
Fraktion Welzelach (Moserhofkapelle) oder im Alpbachtal
(fünf Hauskapellen). In Längenfeld ist der Altarraum der
Sennkapelle, ein 1701 errichteter barocker Zentralbau in
Form eines gelängten Achtecks mit Kuppel, Laterne,
Dachreiter und Barockaltar, in den Stadel hineingebaut
(Abb. 46). Beim Egger Bartl in der Obertilliacher Fraktion
Leithen steht die Kapelle auf einem Kornkasten.

47.
Wenns, Marienkapelle in
der Pitze, Barock-
altärchen aus dem
Beginn des 18. Jahr-
hunderts mit gotischer
Madonna mit Kind aus
der Mitte des 14. Jahr-
hunderts.

48.
*Nesselwängle, Dreifaltig-keitskapelle in Rauth, spätgotische Figur Johannes der Evangelist aus dem oberschwäbischen Raum.*

Als besonderes Charakteristikum vieler Kapellen sind die oft sehr heterogenen Ausstattungen zu erwähnen, die häufig auch aus einer Pfarrkirche stammen und im Zuge von Umgestaltungen in Kapellen abwanderten. Dies ist auf eine Bestimmung im Codex Iuris Canonici (CIC. Can. 1190) zurückzuführen, derzufolge die Veräußerung heiliger Reliquien und Bilder, die in einer Kirche große Verehrung beim Volk erfahren, untersagt ist. Durch die Aufstellung der nicht mehr benötigten Kunstwerke in einer Kapelle konnten diese jedoch erhalten und die bäuerliche Volksfrömmigkeit konkret gefördert werden. Auf Grund dieser Tatsache finden sich in Kapellen mitunter sogar Altäre, aber auch einzelne Skulpturen und Gemälde, die sowohl von ihrer Proportion als auch in ihrem künstlerischen Wert ursprünglich eine andere Bestimmung hatten. In Sekundärverwendung steht beispielsweise der frühbarocke Seitenaltar der Allerheiligenkapelle in Virgen/Göriach. Auch der 1667 gestiftete Marmoraltar in der Seitenkapelle der Wallfahrtskapelle Heiligwasser bei Igls stand ursprünglich in der Annenkapelle der Wiltener Stiftskirche. Einen Altar der Pfarrkirche zierten auch die heute in den verschiedenen Kapellen verwahrten gotischen Madonnen wie jene in der Kapelle bei den Pitzenhöfen in Wenns (Abb. 47), in der Kapelle Stillebach in St. Leonhard i. P. oder in der Zappenhofkapelle bei Landeck, die einst sogar Kultgegenstand einer regional bedeutsamen Wallfahrt war. In Trins fanden beispielsweise die aus

der Werkstatt Jörg Lederers stammenden Statuen der bei-
den Heiligen Johannes in der Antoniuskapelle Aufstel-
lung, während die Hauptfigur des Altarschreines, eine
Madonna mit Kind, in den Barockaltar der Pfarrkirche integriert wurde. Die Kapelle Rauth in der Außerferner Gemeinde Nesselwängle birgt hingegen zwei um 1510 datierte Plastiken der Hll. Johannes Ev. und Sebastian, die
aus dem oberschwäbischen Kulturbereich stammen
(Abb. 48). Auch das Altarbild der Warscherhofkapelle in
Assling, eine szenische Darstellung der Himmelfahrt Ma-

*49.*
*Fieberbrunn, Rohr-*
*kapelle. Manieristisches*
*Altärchen mit*
*Darstellung der Himmel-*
*fahrt und Verkündigung*
*Mariens und barocken*
*Statuetten der im Tiroler*
*Unterland besonders*
*verehrten Wetterherren*
*Petrus und Paulus.*

riens aus der Werkstatt des Brixner Hofmalers Stephan Kessler, befand sich vermutlich ursprünglich in einer Kirche des Dorfes und gelangte erst sekundär in die wesentlich jüngere Kapelle. Wohl aus Klosterbesitz stammen dürfte auch das schwarz gefasste und mit Applikationen aus Zinnblech versehene manieristische Altärchen der Rohrkapelle in Fieberbrunn (Abb. 49).

## Wallfahrtskapellen und Einsiedeleikapellen

Wallfahrten sind eine allgemeine religionsgeschichtliche Erscheinung, die im Glauben an die örtliche Präsenz oder Gebundenheit Gottes wurzeln. Neben den berühmten Wallfahrtsstätten entstanden seit dem Mittelalter für die Bedürfnisse derer, die nicht so weit reisen konnten, in ganz Europa unzählige kleinere Wallfahrtsstätten. Auch die oft nur regional bedeutsamen Tiroler Wallfahrtsstätten werden von den Gläubigen auf Grund einer wundertätigen Reliquie oder eines besonders verehrten Heiligenbildes besucht, deren Herkunft in ausgeschmückten Legenden beschrieben wird. Zu den verbreitetsten Gnadenbildern zählen die marianischen, die im Hinblick auf ihre Verbreitung und Kultfunktion als exemplarisch angesehen werden können. Bestimmend für ihre Ikonographie sind die großen (alten) Marienwallfahrten wie Loreto (Kapellen in Thaur, Ried i. O., Kössen, Pfunds, Kufstein, Längenfeld und Bach),

*50.*
*Oberlienz, Kapelle Maria Trost. Der frühbarocke, um 1660/70 entstandene Altar zeigt einen Aufbau mit gedrehten Säulen, geradem Gebälk sowie gesprengtem Giebel und birgt eine Kopie des Gnadenbildes von Maria Plain bei Salzburg.*

Maria Einsiedeln (Längenfeld/Weitenbergkapelle, Tumpen/Acherbachkapelle, Umhausen/Rottalkapelle, Erl/Wegkapelle), Mariazell (Schwaz/Weißlhofkapelle), Altötting (St. Veit i. D./Zottenkapelle, Kirchdorf/Jöchlkapelle), Mariahilf (allein in der Diözese Innsbruck 123 Kirchen und Kapellen), Maria Schnee (Kapellen Innsbruck/Heiligwasser, Hall/Kapelle beim Faistenberger-Sommerhaus, Münster/Burgkapelle Lichtenwerth, Ischgl/Kapelle Pasnatsch, Kaunertal/Gepatschhaus) oder Maria vom Guten Rath (Assling/Kapelle Dörfl, Bach/Kapelle Schönau, in Prägraten/Kapelle beim Gröder, Stanzach/Kapelle auf der Alpe Fallerschein, Steinach/Kapelle Stafflach). Das Altarblatt der Einsiedeleikapelle in St. Johann im Tiroler Unterland zeigt das Gnadenbild Maria Blut aus Re in Italien. Aber auch die Gnadenbilder regional bedeutsamer Wall-

*51.*
*Innsbruck, Wallfahrtskapelle Maria Schnee in Heiligwasser. Die 1945 vom Innsbrucker Bildhauer und Maler Hans Andre als Dank für die glückliche Heimkehr aus dem Krieg geschaffenen Deckengemälde – im Bild die Darstellung der Verkündigung der frohen Botschaft an Maria – beeindrucken durch die lockere, von barocker Fabulierlust inspirierte Komposition und das leuchtende Kolorit.*

ST. MARIA
KALTE HERBERGE
IN SCHMIRN

*52.*
*Schmirn, Wallfahrtskapelle*
*zur kalten Herberge,*
*Gebetsbildchen mit*
*Darstellung des*
*Gnadenortes.*

fahrtskirchen fanden als (Berüh-rungs)kopie in Kapellen Aufstel-lung. Das Barockaltärchen der Ka-pelle beim Walcher in Kartitsch ziert eine Kopie des Gnadenbildes der nahe gelegenen Kärntner Servi-tenwallfahrtskirche Maria Luggau. Das Altärchen der Maria-Trost-Ka-pelle in Oberlienz birgt ein 1810 entstandenes Abbild des Gnaden-bildes von Maria Plain bei Salzburg (Abb. 50). In der Kapelle beim Weißlhof oberhalb von Schwaz handelt es sich beim Altarbild um eine Kopie des Gnadenbildes von Dorfen in Bayern aus der Zeit um 1800. In der Mariae-Himmelfahrts-Kapelle in Längenfeld/Unterried, der Hofkapelle beim HNr. 43 in Umhausen und der Ländkapelle in Flaurling findet sich das Waldraster Gnadenbild, in der Klammkapelle in Längenfeld das Absamer Gna-denbild.

Die Berichte der Gläubigen von der „wunderbaren Hilfe" machten ein Bild in der Folge rasch zum Zen-trum eines Kultes, der dann, oft auch mit Unterstützung von Bruderschaften, Kongregationen oder geistlichen Or-den, zu einer Wallfahrt ausgebaut wurde. Oftmals lassen diese Gnadenbilder in ihrer Ikonographie noch die Ver-bindung ihres Aufstellungsortes mit vorchristlichen Kulten – Baumkulte oder Quellenkulte – erkennen. Ein heiliger Baum, der selbst Kultgegenstand war und dessen letzte Reste 1855 verschwanden, stand in Nauders. Auch die Entstehung der Wallfahrtskapelle Maria Larch bei Terfens wird auf einen Lärchenbaum zurückgeführt, der die Vor-übergehenden festhielt. Besondere Heilkraft bei Augenlei-den wird etwa dem Bach neben der 1667/77 anstelle ei-ner Kapelle errichteten Wallfahrtskirche Mariae Reinigung am Harterberg zugeschrieben, da Maria der Legende zufolge in ihm die Windeln gewaschen haben soll. Auch die 1662/65 neu erbaute Wallfahrtskapelle in Heiligwasser bei Igls (Abb. 51) verdankt ihre Entstehung dem Zulauf zu einer Heilquelle, bei der 1652 eine „hölzerne Kapelle an Unser Lieben Frauenbründl am Igler Wald" erbaut wurde. Heilkräftiges Wasser fand sich auch in einem Becken hinter dem Altar der 1307 erstmals urkundlich erwähnten Wallfahrtskapelle zur hl. Magdalena in Trins und neben der 1838 neu erbauten Wallfahrtskapelle zur kalten Herberge in Schmirn (Abb. 52).

Andere Gnadenbilder haben eine Entstehungslegende, die meist von einer numinosen Herkunft des Gnadenbildes erzählen. Der Wasserherrgott in der Prosserhofkapelle in Rattenberg, eine gotische Schnitzfigur, wurde der historischen Überlieferung zufolge 1566 vom Hofbesitzer aus den Fluten des Inn geborgen und in einer Kapelle aufgestellt. Besonders beliebt ist auch das Motiv der weisenden Tiere, die den Bauplatz der Kapelle durch auffälliges Verhalten anzeigten. Die in der Mariahilfkapelle in Brixlegg stehende Pietà war 1665 beim Siechenhaus in der Nähe von Rattenberg aufgestellt worden, verschwand zweimal und wurde immer wieder am Mariahilfbergl aufgefunden, worauf man 1716 hier eine Kapelle erbaute.

Mitunter entstanden auch aus historischen Ereignissen Wallfahrtsstätten wie in Nauders, wo man in der Mühlenkapelle ein Altarbild mit der Darstellung der Pietà besonders verehrt, das im Zuge der Tiroler Freiheitskämpfe 1799 von durchziehenden französischen Soldaten mit einem Bajonett beschädigt worden war. Auch in Rum wird in der Marienkapelle der so genannte „Kugeltoni", ein

53.
*Gallzein, Marienkapelle in Koglmoos, Inschriftkartusche von 1842.*

ebenfalls bei Kriegshandlungen 1809 beschädigtes Leinwandbild mit der Darstellung des hl. Antonius von Padua, besonders verehrt.

So unterschiedlich wie die verehrten Gnadenbilder sind auch die Wallfahrtsmotive. Die urkundlich 1589 erstmals erwähnte, 1641 neu errichtete Johanneskapelle auf der Hohen Salve in Westendorf war einst Zentrum einer regional bedeutsamen Wallfahrt. Als Kultgegenstand fungierte ein Johanneshaupt, das von den Kopf- und Halsleidenden um den Altar herum getragen wurde. In der Ochsenkapelle in Mutters waren bäuerliche Belange das Wallfahrtsmotiv, in der Wendelinkapelle bei Grän betete man für das Gedeihen des Viehs, die Verschonung von Unwettern und um Fruchtbarkeit. Auch die ursprünglich mit einer Einsiedelei verbundene, 1307 erstmals urkundlich erwähnte Wallfahrtskapelle zur hl. Magdalena auf dem Bergl im Gschnitztal wird von den Bauern des Wipptales, die um gutes Wetter beten („Sunnabetn"), nach

54.
*Gallzein, Marienkapelle in Koglmoos. Zahlreiche Wachsvotivgaben erinnern an die unterschiedlichen Anliegen, mit denen die bäuerliche Bevölkerung der Umgebung zur 1842 neu erbauten Kapelle pilgerte.*

längerer Unterbrechung alljährlich am 22. Juli aufgesucht. Die Hospizkapelle in St. Christoph am Arlberg wurde besonders von Hirten und Hüterbuben besucht, die sich als Saisonarbeiter in Schwaben („Schwabenkinder") verdingen mussten (Abb. 56). Zur Rafflkapelle in Buch bei Jenbach pilgert man bei Frauenleiden, die Kapelle beim Kalser Thörl wurde als Dank für den glücklichen Glocknerübergang aufgesucht, wobei man nicht verabsäumte, der dort befindlichen Christusfigur ein Kleidungsstück überzuwerfen, „daß´n nöt friert".

Als Wallfahrtsmotiv der Kreuzkapelle in Kufstein wird die Abwehr von Feinden angeführt. Die Friedhofskapelle in Schwaz wurde von den Bergleuten bei Fraisen, Epilepsie und Frauenleiden aufgesucht, zum blinden Herrgott in der Holzkapelle am Padauner Jöchl pilgerte man bei Augenleiden. Als „Studentenzuflucht" fungiert hingegen die Wallfahrtskapelle am Höttinger Bild, nachdem 1675 ein von einem Studenten an einem Baum angebrachtes Marienbild von einer Lawine verschüttet und unversehrt ausgegraben worden war.

Zumeist stehen die Wallfahrtskapellen als singuläre Baukörper an landschaftlich besonders markanten Punkten, mitunter werden sie auch durch weitere Kapellen oder Bildstöcke zu eindrucksvollen Denkmalanlagen erweitert. In Terfens-Maria Larch stehen neben der 1698/99 erbauten Wallfahrtskapelle noch die Brunnenkapelle und die so genannte Auffindungskapelle. Auch in Klobenstein bei Kössen findet sich im wildromantischen Großachental neben einem gespaltenen Felsen ein eindrucksvolles Ensemble, das aus

*55.*
*Kirchberg, Wallfahrtskapelle Unsere Liebe Frau und hl. Anna am Kirchanger, Detail der Freskenausstattung von Matthias Kirchner aus dem Jahre 1770.*

56.
St. Anton am Arlberg,
Hospizkapelle in
St. Christoph. Die Schwa-
benkinder schnitten von
der spätgotischen
Christophorusfigur einen
Span als Talisman gegen
Heimweh ab, weshalb
diese 1907 restauriert
und fortan durch ein
Gitter geschützt wurde.
Historische Fotografie
Anfang des 20.
Jahrhunderts.

der Loretokapelle (1701), der Marienkapelle (1731/33), einer Lourdeskapelle (1886) und einer als Gastwirtschaft geführten ehemaligen Einsiedelei besteht (Abb. 57). Die Blütezeit des Einsiedlerwesens war in Tirol im 17. Jahrhundert, als sich fromme Menschen in entlegene Höhlen und einfache Behausungen zurückzogen, um ein kontemplatives, Gott geweihtes Leben zu führen. Allein in

Nord- und Osttirol sind 75 Einsiedeleien historisch nach-
weisbar, die neben der Klause alle auch über ein Kapelle,
mitunter sogar über eine kleine Kirche verfügten. Die älteste entstand im Halltal, wohin sich 1441 der reiche
Salzmaier Hans Frankfurter zurückzog und eine Klause
mit zugehöriger Kapelle erbaute, die zeitweise auch von
den Augustinerinnen als Kloster geführt wurde. Im Zuge
der josephinischen Reformen wurden auch die Einsiede-

57.
*Kössen, Ensemble der
Wallfahrtskapellen in
Klobenstein mit dem
namengebenden
gespaltenen Felsen im
Vordergrund.*

leien aufgehoben, teilweise konnten sie jedoch nach dem Tode des Kaisers wieder besiedelt werden. Bis in unsere Tage (geistlich) betreut werden heute nur noch die Einsiedelei in St. Johann (erstmals 1696 urkundlich genannt) und Thierberg bei Kufstein (regional bedeutsames Wallfahrtszentrum, um 1580 in den ehemaligen Palas verlegt). Als Gastwirtschaft geführt werden hingegen Klobenstein bei Kössen, Maria Brettfall und St. Magdalena in Trins. Nach der Wallfahrt hatte man auch Zeit fürs Vergnügen. In Jochbergwald fanden anlässlich des Patroziniums am Fest Mariae Heimsuchung (2. Juli) auch gut besuchte Ranggelwettkämpfe statt, ebenso in Bärnstatt bei Scheffau, Ebbs, Hochfilzen, Hainzenberg, Kleinholz, Leutasch und auf der Hohen Salve.

## *Kalvarienbergkapellen*

Angeregt durch die Kreuzzüge, wurden auch in Tirol seit dem Spätmittelalter auf Bergen und Hügeln Kalvarienberganlagen errichtet, die dem Gedenken an die Passion Christi dienen und diese zugleich bildlich vergegenwärtigen und nachvollziehbar machen. Der älteste Kalvarienberg Tirols – eine aus sechs Kapellen bestehende Anlage – befindet sich in Toblach und wurde 1519 von den Brüdern Christoph und Kaspar Herbst und des Letzteren Ge-

58.
*Pettneu am Arlberg,
Kalvarienbergkapelle.
Chronogramm an der
Rückwand mit
Stifterinschrift.*

mahlin, Helene Frangipani, gestiftet. Im Barock wurden die gleichsam als „theatrum sacrum" inszenierten Kalvarienberge noch beliebter und zum Ziel von Prozessionen (am Karfreitag), Wallfahrten und privater Frömmigkeit (besonders an den Kreuzfesten und den Freitagen der Fastenzeit). Auch die Tiroler Kalvarienberganlagen verdanken ihre Entstehung der barocken Volksfrömmigkeit und datieren aus der 2. Hälfte des 17., dem 18. und dem Beginn des 19. Jahrhunderts. 1664 entstanden die Kalvarienbergkirche und die dazugehörigen Stationskapellen in Innsbruck-Arzl, 1661 die aus vier Kapellen bestehende Anlage in Rietz, 1681 die Heilig-Grab-Kapelle am Fuße des Kalvarienberges in Kufstein, Ende des 17. Jahrhunderts die Kalvarienbergkapelle von Ötz. Ende des 17. und zu Beginn des 18. Jahrhunderts wurden die Stationskapellen am Imster Bergl (zwei datiert 1692

und 1710) errichtet. 1705 folgte Vomp, 1724 Mieders, 1743 Langkampfen, 1763 Ischgl, 1782 Pettneu am Arlberg, um 1790 Steinach, um 1800 Völs, 1800/04 Achenkirch, um 1820/30 Telfs-St. Moritzen und Telfs-Mösern, 1820 Pettnau, 1824 Flaurling, in der 2. Hälfte des 19. Jahrhunderts die in Holzbauweise errichtete Kalvarienbergkapelle von Tösens. Der Kalvarienberg von Rietz verfügt neben den Stationsbildstöcken über eine eigene Heilig-Grab-Kapelle, eine Marienkapelle, eine Ölbergkapelle

*59.*
*Achenkirch, Kalvarienbergkapelle. Statuetten aus den zur Kalvarienbergkapelle führenden, 1802 errichteten Stationsbildstöcken.*

und eine Kalvarienbergkapelle, deren ausdrucksstarke vielfigurige lebensgroße Kreuzigungsgruppe Andreas Thamasch zugeschrieben wird. Als Stiftung des Jakob Ruetz entstand die Kalvarienbergkapelle von Pettneu am Arlberg, die 1804 von Fürstbischof Karl Franz von Lodron geweiht wurde (Abb. 58). Als eindrucksvolle Anlage zeigt sich auch der Kalvarienberg östlich von St. Moritzen in Telfs, der aus einer Marienkapelle am Fuße des Hanges, einem überdachten Stiegenaufgang und einer klassizistischen Kreuzkapelle auf der Hügelkuppe besteht (Abb. 60). Als landschaftsprägendes Ensemble präsentiert sich der auf einer Erhebung südöstlich des Dorfes situierte Kalvarienberg von Flaurling, zu dem elf neuromanische bildstockartige Kapellen mit Säulenvorbau führen. Die Kapelle zeigt sich als mächtiger offener Säulenbau mit Rundapsis, Satteldach und eindrucksvoller Kreuzigungsgruppe aus der Werkstatt des Andreas Thamasch, dem auch das Herrgottsruhbild im Zinnenturm unterhalb der doppelläufigen Treppe zugeschrieben wird. Unter den Tiroler Kalvarienberganlagen beeindruckt insbesondere der Kal-

60.
*Telfs, Kalvarienberg bei St. Moritzen vor der Kulisse der Hohen Munde.*

varienberg von Achenkirch, der aus fünf mit reliefierten Passionsdarstellungen versehenen Nischenbildstöcken (Abb. 59) und einer spätbarocken Kapelle besteht, die 1858 durch die Errichtung einer Heiligen Stiege erweitert wurde. Den Aufgang zur Kapelle begleiten eine vollplastisch geschnitzte szenische Darstellung Christi am Ölberg und fünf Engel. In der Kapelle finden sich anstelle eines Altares ein Kruzifix und ein Heiliges Grab.

## *Gedächtniskapellen*

61.
*Innsbruck, Tummelplatz,*
*Kreuzwegkapelle.*
*Außenansicht von Norden,*
*historische Fotografie aus*
*der Zeit um 1920/30.*

Gedächtniskapellen verdanken ihre Entstehung einem bestimmten historischen Ereignis oder dienen der Erinnerung historisch bedeutsamer Persönlichkeiten. Die Magdalenakapelle in Zams wurde zur Erinnerung an die Kämpfe im Jahre 1703 erbaut. Auch die Kapelle am roten Weg in Kappl im Paznauntal entstand 1805 aus Dank für die glücklich überstandene Kriegsgefahr und wurde seitdem als Wallfahrtsort viel besucht. Die Gedächtniskapelle beim Gasthof Schupfen in Mutters wurde 1960 zum Gedenken an Andreas Hofer errichtet, der im benachbarten Gasthof Schupfen zeitweilig sein Hauptquartier hatte. Zahllos sind die Gedächtniskapellen, die nach dem Ersten und Zweiten Weltkrieg zum Gedenken an die Gefallenen oder in Kriegsgefangenschaft verstorbenen Soldaten erbaut wurden. Mitunter beschränkte man sich aber auch darauf, ältere Kapellen als Kriegergedächtniskapellen zu adaptieren. Teilweise sind diese Kapellen mit einem Friedhof verbunden, dessen Entstehung noch auf die Tiroler Freiheitskriege (Tummelplatz in Inns-

62.
*Innsbruck, Hofburgkapelle,
ein Beispiel höfischen
Rokokos mit qualitätvoller
künstlerischer Ausstattung.*

bruck, Abb. 61, und Volders von 1797) oder den Ersten Weltkrieg zurückgeht (Kartitsch, Fulpmes).

Als besonders monumentale Anlage beeindruckt das Bezirkskriegerdenkmal in Lienz, wo in den Jahren 1924/25 die klassizistischen Arkaden des alten Friedhofs durch Clemens Holzmeister umgestaltet wurden und eine architektonisch schlichte Kapelle entstand, deren vierteiliger Freskenzyklus von Albin Egger-Lienz stammt. In Brixlegg wurde die 1853 auf einem Hügel oberhalb der Marktgemeinde erbaute Kapelle auf dem Mühlbichl 1926 nach einem Entwurf von Fritz Müller mit dem davor liegenden Gelände zu einer Kriegergedächtnisstätte umgestaltet. In Prägraten bildet die Kriegergedächtniskapelle den architektonischen Abschluss der 1934 durch den Priestermaler Johann Baptist Oberkofler freskierten Arkadenanlage. Auch in Kufstein wurde 1928 nach Plänen Franz Baumanns eine Kriegergedächtniskapelle auf der Kuppe des

63.
*Karrösten, Königskapelle in Brennbichl, Lithographie mit Darstellung der Einweihung am 8. August 1856.*

Kalvarienberges errichtet. In Reutte adaptierte man 1954 die 1619 erbaute Rochuskapelle als Kriegerdenkmal und ließ sie durch zeitgenössische Künstler ausgestalten (Fassadensgraffito und Chorbogenfresken von Max Spielmann, Kruzifixus von Franz Staud). Ein Zeugnis besonderer Dankbarkeit ist die 1922 nach Plänen von Clemens Holzmeister erbaute Kapelle in Nauders-Parditsch, die ein Bergbauer zum Gedenken an die glückliche Heimkehr seines Sohnes aus dem Krieg erbauen ließ und auf Grund der wirtschaftlichen Situation in Naturalien (zwei Kilo Butter) bezahlte. Die Hofburgkapelle in Innsbruck wurde 1765/66 im Auftrag der Kaiserin Maria Theresia im Sterbezimmer ihre Gemahls Franz I. Stephan errichtet. Sie ist mit reichen Rokoko-Stuckdekorationen und einer überlebensgroßen, eine Pietà und zwei trauernde Frauengestalten darstellenden Figurengruppe ausgestattet (Abb. 62). Im Wald unterhalb des Heißangerhofes in Tulfes erinnert die so genannte Bugazi-Kapelle an Gertraud Angerer, die an dieser Stelle 1816 von Ignaz Mader vulgo Bugazi ermordet worden war. Die Königskapelle in Karrösten, ein nach Plänen von Architekt Joseph Rokita errichteter neugotischer Bau mit einem Altar von Franz Xaver Renn, erinnert an den 1855 hier tödlich verunglückten König

64.
*Grins, Gedächtniskapelle
Hl. Florian und so genannte
Römerbrücke.*

Friedrich August II. von Sachsen und wurde von dessen
Witwe gestiftet (Abb. 63). Die Erinnerung an den großen
Dorfbrand im Jahre 1945 und die Toten beider Weltkrie-
ge hält die von Josef Obleitner freskierte Gedächtniska-
pelle an der Römerbrücke in Grins wach (Abb. 64). An
der Stelle, wo 1765 der Sarg Kaiser Franz Stephans von
Lothringen vor der Überstellung auf ein Innschiff aufge-
bahrt worden war, erbaute man wenige Jahre danach die
dem hl. Johannes von Nepomuk geweihte Lendkapelle.
Ebenfalls in Hall adaptierte man 1930 eine in der 2. Hälf-
te des 17. Jahrhunderts entstandene Kapelle als Kaiser-
Franz-Joseph-Gedächtniskapelle und versah sie mit einem
Porträtmedaillon des Kaisers aus der Hand des Osttiroler
Bildhauers Virgil Rainer.

# Schlusswort

Tirol verfügt über eine große Anzahl an sakralen Kleindenkmalen, deren Bestand noch zu Beginn der Siebzigerjahre des 20. Jahrhunderts akut gefährdet schien und fortlaufend durch das Unverständnis der Eigentümer, mangelnde Pflege, Straßenneubauten oder Diebstähle dezimiert wurde. Als 1975 anlässlich des Europäischen Jahres des Denkmalschutzes vom damaligen Landeshauptmannstellvertreter und Kulturreferenten Prof. Dr. Fritz Prior eine „Kapellenaktion" genannte Initiative zur Rettung der bedrohten Kapellen und sakralen Kleindenkmale gestartet wurde, dachte noch niemand daran, dass diese ursprünglich lediglich als einmalige Aktion gedachte Idee auf Grund der großen Nachfrage immer wieder verlängert werden musste und schließlich in weiten Bereichen zu einem Umdenken im Umgang mit diesen Dokumenten heimischer Volksfrömmigkeit führte.

In zwei Jahrzehnten (die Aktion wurde 1995 beendet und durch die „Kleindenkmalaktion" abgelöst) konnten 718 Objekte einer Restaurierung zugeführt und so vor dem sicheren Verfall bewahrt werden. Trotz der gewährten Subventionen wären viele Restaurierungen ohne den großen persönlichen und finanziellen Einsatz der Eigentümer nicht möglich gewesen.

Im Zuge der Arbeiten wurde in den Gemeinden das Zusammengehörigkeitsgefühl der einzelnen Fraktionen gestärkt und die eigene Identität neu entdeckt, gleichzeitig führte ein geistiger Umdenkprozess zu einer neuen Wertschätzung lange vernachlässigter Baudenkmale. Oft konnten im Zuge der Restaurierungsarbeiten in den letzten Jahrzehnten abgekommene religiöse Gepflogenheiten wieder belebt und den Kapellen somit ihre eigentliche Zweckbestimmung zurückgegeben werden. Nicht vernachlässigt werden darf auch der wirtschaftliche Aspekt der Kapellenaktion, deren Realisierung arbeitsintensiver Berufsgruppen besonders bedurfte und der heimischen Wirtschaft somit kräftige Impulse vermittelte.

# Literaturverzeichnis

ADAM, Adolf, Grundriß Liturgie, Freiburg im Breisgau 1985.

ASSMANN, Kapellen in und um Kitzbühel, in: Stadtbuch Kitzbühel, Bd. 4, Kitzbühel 1971, S. 166–240.

DEHIO-Handbuch, Die Kunstdenkmäler Österreichs, Band Tirol, Wien 1980.

GUGITZ, Gustav, Österreichs Gnadenstätten in Kult und Brauch, Bd. 3, Tirol und Vorarlberg, Wien 1956.

HOERNES, Martin, Fürs Seelenheil und zum Repräsentieren, Mittelalterliche Hauskapellen der Regensburger Patrizier, in: Unser Bayern, Jg. 51, Nr. 4, April 2002, S. 51–53.

JUNGMANN, Josef Andreas S.J., Missarum Sollemnia, 1. Bd., Wien 1948.

LISTL, Joseph (Hrsg.), Handbuch des katholischen Kirchenrechts, Regensburg 1983.

MADER, Herta Maria, Die Hauskapellen in profanen Bauten Innsbrucks, Diss. Phil., Innsbruck 1985/86.

SAUSER, Gustav, Das Beinhaus von Galtür (1959), in: Beiträge zur Kultur- und Kunstgeschichte Tirols, Schlern-Schriften 167, Innsbruck 1962, S. 27–34.

SAUSER, Gustav, Die Ötztaler, Anthropologie und Anatomie einer Tiroler Talschaft, Innsbruck 1938.

TINKHAUSER, Georg, Topographisch-historisch-statistische Beschreibung der Diözese Brixen, 5 Bde., Brixen 1855–1891.

WEBER, Beda, Das Land Tirol, 3 Bde., Innsbruck 1837/38.

WEINGARTNER, Josef und Magdalena Hörmann-Weingartner, Die Burgen Tirols, 3. Auflage, Innsbruck-Wien-München, Bozen 1981.

WOPFNER, Hermann, Bergbauernbuch, Schlern-Schriften 297, 3 Bde., Innsbruck 1995.

# Tiroler Kunstkataster –
# Kulturgüterdokumentation des Landes

*Die Reihe „Tiroler Kulturgüter" versteht sich als Publikationsforum für die Mitarbeiter am Tiroler Kunstkataster und möchte Dokumentationsmaterial und Forschungsergebnisse dieser Institution einer breiten Öffentlichkeit zugänglich machen. Die einzelnen Bände, die in kontinuierlichen Abständen erscheinen werden, ergeben ein abwechslungsreiches und fundiertes Nachschlagewerk, das sich an Kultur- und Kunstinteressierte ebenso wie an Kulturwissenschafter, Privatsammler, Museen und Sammlungen richten will.*

*Grundlage für die themenspezifischen Publikationen der Reihe sind die seit dem Jahr 1968 nach Kriterien wissenschaftlicher Inventarisation erfassten Daten zu den einzelnen sakralen und profanen Kulturgütern in Nord- und Osttirol. Durch die systematische Erhebungstätigkeit können gerade auch unscheinbare und für die Allgemeinheit nicht leicht zugängliche Sachzeugnisse der Tiroler Kulturlandschaft präsentiert werden. In dieser breit gestreuten und umfassenden Zusammenschau der einzelnen Themenbereiche finden mitunter auch die unmittelbaren Erfahrungen aus der Feldforschung der einzelnen Autoren ihren Niederschlag. Das verwendete Bildmaterial aus dem Archiv spiegelt die oft schwierige Aufnahmesituation vor Ort wider, dementsprechend ist der dokumentarische Wert mancher Abbildungen zuweilen höher einzuschätzen als die bloße Fotoqualität.*

*Die Reihe will nicht zuletzt das Interesse des Lesers an der Institution des Tiroler Kunstkatasters wecken und einen Anreiz bieten, dieses öffentlich zugängliche Archiv zu nutzen.*

*Adresse:*
*Michael-Gaismair-Str. 1,*
*A-6020 Innsbruck, Tel. 0512/508-3783*
*E-Mail: k.wiesauer@tirol.gv.at*

Gedruckt mit Unterstützung der Tiroler Landesregierung

# Bisher erschienen in der Reihe „Tiroler Kulturgüter"

… prachtvolle Möbel aus
Tiroler Bauernhäusern: vom Arlberg bis Osttirol,
vom Lechtal bis Kitzbühel.
ISBN 3-7022-2167-0
€ 17,90 / SFr 32,50

… eindrucksvolle Zeugen des künstlerischen, gesellschaftlichen
und religiösen Empfindens ihrer Zeit.
ISBN 3-7022-2168-9
€ 17,90 / SFr 32,50

Das Schmieden von Eisen hat bis
heute nichts von seiner Faszination
verloren. Geschickte Hände formen
es zu bedeutenden Objekten mit
oft hervorragender künstlerischer
Qualität.
ISBN 3-7022-2442-4
€ 17,90 / SFr 32,50

… von Mühlen, Sägen, Schmieden: die Spuren alten handwerk-
lichen Lebens am Wasser.
ISBN 3-7022-2200-6
€ 17,90 / SFr 32,50

… die vielfältigen Darstellungen des Weihnachtsgeschehens an
Wänden und Decken von Tirols Kirchen.
ISBN 3-7022-2399-1
€ 17,90 / SFr 32,50

*Bildnachweis:*

Bundesdenkmalamt Wien/Inge Kirchhof: Nr. 1, 16, 22, 26, 34, 48, 50.
Bundesdenkmalamt Innsbruck/Archiv: Nr. 2, 28, 30, 33, 39, 40, 46, 56, 61.
Tiroler Kunstkataster/Herta Arnold: Seite 3.
Tiroler Kunstkataster/Karl Wiesauer: Seite 1, Nr. 3, 18, 19, 35, 36, 37, 38, 42, 43, 44, 45.
Tiroler Landesmuseum Ferdinandeum: Nr. 63.
Heimatwerbung/Egon Wurm: Nr. 15, 27, 51, 54, 62, 64.
Verlag St. Peter/Reinhard Weidl: Nr. 47.

Hermann Drexel: Vor- und Nachsatz, Nr. 32; Andrea Eliskases: Nr. 31; frischauf –
bild: Nr. 5, 7, 10, 24, 57; Josef Ghezzi: Nr. 14; Werner Jud: Nr. 23; Rudolf
Lechleitner: Nr. 8; Ludwig Mallaun: Umschlagbild; Josef Perntner: Nr. 25; Reinhard
Rampold: Nr. 4, 6, 9, 11, 13, 17, 20, 21, 41, 52, 53, 55, 58, 59, 60; Helmut Seisl:
Nr. 49; Hubert Walder: Nr. 12.

*Bildunterschriften:*

*Umschlagbild:* Vals, Kellerkapelle in Innervals vor dem Panorama des bereits vom
ersten Schnee bedeckten Olperers.
*Vor- und Nachsatz:* Kirchberg, Kapelle Mariae Heimsuchung am Harlaßanger,
Gemälde mit Darstellung einer Prozession im Jahre 1840 anläßlich des Besuches
von Erzbischof Fürst Schwarzenberg.
*Bild Seite 1:* Ellbögen, Fuchsenkapelle in Oberellbögen, barocker Glasschrein mit
szenischer Darstellung der Himmelfahrt Mariens.
*Bild Seite 3:* Kirchdorf, Teufelskapelle im Kohlental. Die 1737 datierte, auf einem
Felsblock situierte Kapelle wurde der Legende zufolge an jener Stelle erbaut, an
der sich der Teufel ausgeruht habe.

***Bibliografische Information Der Deutschen Bibliothek***
*Die Deutsche Bibliothek verzeichnet diese Publikation in der Deutschen
Nationalbibliografie; detaillierte bibliografische Daten sind im Internet
über <http://dnb.ddb.de> abrufbar.*

© Verlagsanstalt Tyrolia, Innsbruck, 2003
*Umschlaggestaltung:* Tyrolia-Verlag, unter Verwendung eines Bildes von Ludwig
Mallaun
*Layout und digitale Gestaltung:* Tyrolia-Verlag
*Konzept und Idee der Reihe:* Karl Wiesauer, Gottfried Kompatscher
*Lithographie:* Athesia-Laserpoint, Innsbruck
*Druck und Bindung:* Gorenjski Tisk, Slowenien
ISBN 3-7022-2455-6
*E-Mail:* buchverlag@tyrolia.at
*Internet:* www.tyrolia.at